山西古村镇系列丛书

山西省住房和城乡建设厅组织编写

薛林平 曾宸 王爽
范玮暐 孙荣鑫 于丽萍 著

光村古村

中国建筑工业出版社

图书在版编目（CIP）数据

光村古村／薛林平等著．—北京：中国建筑工业出版社，2013.11
（山西古村镇系列丛书）
ISBN 978-7-112-15902-4

Ⅰ．①光… Ⅱ．①薛… Ⅲ．①乡村-古建筑-介绍-新绛县 Ⅳ．①K928.71

中国版本图书馆CIP数据核字（2013）第229057号

责任编辑：费海玲
责任校对：张　颖　王雪竹

山西古村镇系列丛书
山西省住房和城乡建设厅组织编写

光村古村

薛林平　曾宸　王爽　范玮暲　孙荣鑫　于丽萍　著

*

中国建筑工业出版社出版、发行（北京西郊百万庄）
各地新华书店、建筑书店经销
北京方舟正佳图文设计有限公司制版
北京盛通印刷股份有限公司印刷

*

开本：787×960毫米　1/16　印张：$14\frac{1}{4}$　字数：342千字
2014年2月第一版　2014年2月第一次印刷
定价：58.00元
ISBN 978-7-112-15902-4
　　　（24668）

版权所有　翻印必究
如有印装质量问题，可寄本社退换
（邮政编码 100037）

《山西古村镇系列丛书》

主　编：李栋梁　李锦生　翟顺河
副主编：于丽萍　张　海　薛林平

《光村古村》

著　者：薛林平　曾　宸　王　爽
　　　　范玮暐　孙荣鑫　于丽萍

丛书总序

我曾多次到过山西，这里丰富的历史遗存和深厚的人文底蕴，令人赞叹，给人的印象非常深刻。山西省建设厅张海同志请我为《山西古村镇系列丛书》作个序，在这里我就历史文化遗产和古村镇保护等有关问题谈一些粗浅的想法。

国际经济社会发展的经验证明，一个国家城镇化水平达到30%以后，城镇化进程不断加快，随之出现城市建设的高潮；人均生产总值达到1000～3000美元时，进入经济发展的黄金期，也是多种矛盾的爆发期，这个时期不仅可能引发各种社会矛盾，还会出现许多问题。我国城镇化水平2003年就已经超过了40%，人均生产总值2006年已经超过了2000美元，国民经济快速发展，城镇化进程不断加速；在城市建设日新月异的发展中，中央又审时度势提出了"两个趋势"的科学判断，作出了加强小城镇和新农村建设的决策。过去，我国城市的大批建筑遗存，正是在大搞城市建设中遭到毁灭性破坏。现在，我国农村许多建筑遗产，能否在小城镇和新农村建设中有效保护，正面临着严峻考验。处理好小城镇和新农村建设与古村镇保护的关系，保护祖先留下的非常宝贵、不可再生的文化遗产，是历史赋予我们义不容辞的责任。

对于建筑历史文化遗产的保护，人们的观念不断创新、思路逐步调整、方法正在改进，从注重官府建筑、宗教建筑的保护，向关注平民建筑保护的转变；从注重单体建筑的保护，向关注连同建筑周边环境保护的转变；尤其是近年来，特别关注古村镇的保护。因为，古村镇是区域文化的"细胞"，是一个各种历史文化的综合载体，不仅拥有表现地域、历史和民族风情的民居建筑、街区格局、历史环境、传统风貌等物质文化遗产，还附着居住者的衣食起居、劳动生产、宗教礼仪、民间艺术等非物质文化遗产。我国现存有大量的古村镇，其历史文化价值和社会经济价值都是巨大的，按照英格兰的统计方法，古村镇的价值应占到GDP的30%以上。然而，认识到这一点的人并不多，甚至有人认为古村镇、古建筑是社会发展的绊脚石，这种观点对于文化的传承和社会的进步都是极为不利的。在快速推进的城乡建设浪潮中，我们所面临的最大问题就是，大批历史古迹被毁坏，大批古村镇被过度改造，使中华民族的历史文化遗产严重损坏。在这个时候提出古村镇的保护，实际上是一项带有抢救性的工作。

2008年1月1日开始实施的《城乡规划法》，突出强调了保护历史文化遗产的重要性；2008年4月又颁布了《历史文化名城名镇名村保护条例》。历史文化名城保护工作已开展近30年，历史文化名镇名村保护工作也已启动，现在大家基本达成共识，保护有价值的古村镇，其实就是"保护文化遗产，弘扬优秀的传统文化……保持民族性，体现时代性"。但是，当前全国历史文化村镇保护的形势仍然不容乐观，保护工作极不平衡，一些地方还未认识到整体保护历史文化村镇的重要性，忽视了周边环境风貌和尚未列入文物保护单位的优秀民居的保护，制定和完善保护历史文化村镇规划的任务还十分艰巨；一些地区片面追求经济效益，对历史文化村镇进行无限度、无规划的盲目开发；一些地方擅自改变国有文物保护单位的管理体制，交给企业经营管理。

作为华夏文明的发祥地之一，山西有着丰厚的文化积淀和历史遗存，不仅有数量众多的古建筑，还保存有大量的古村镇。由于山西历史悠久、民族聚居、文化融合、地形差异等多因素影响，再加之较为发达的古代经济，建造了大量反映农耕文明时代、各具特色的古村镇。这些古村镇，一是分布在山西中部汾河流域，以平遥古城为中心，以晋商经济为支撑，体现晋商文化特色；二是分布在晋城境内沁河流域，以阳城县的皇城、润城为中心，以冶炼工业及商贸流通为支撑，体现晋东南文化特色；三是分布在吕梁山区黄河沿岸，以临县碛口古镇为中心，以古代商贸流通、商品集散为支撑，体现晋西北黄土高原文化；四是沿山西省内外长城，在重要边关隘口，以留存的防御性村堡，体现边塞风情和边关文化，在山西统称为"三河一关"古村镇。这些朴实生动和极富文化内涵的古村镇，是人类生存聚落的延续，是中国传统建筑的精髓；保存有完整的古街区、大量的古建筑，体现着先人在村镇选址、街区规划、院落布局、建筑构造、装饰技巧等方面的高超水平；真实地反映了农耕文明时代的乡村经济和社会生活，凝聚了劳动人民的智慧，沉淀了中华民族的优秀文化，传承了丰富的历史信息；具有浓郁的地方特色和很高的研究价值，是人类共同的文化遗产和宝贵财富。

山西省建设厅一直对古村镇及其文化遗产的保护非常重视，从2005年开始，对全省的古村镇进行了系统普查，根据普查的初步成果，编辑出版了《山西古村镇》一书；同年，主办了"中国古村镇保护与发展碛口国际研讨会"，并通过了《碛口宣言》。报请省政府下发了《关于历史文化名镇名村保护工作的意见》，并分两批公布了71个"山西省历史文化名镇名村"，其中18处已经成为"中国历史文化名镇名村"。为大部分古村镇制定了科学的保护规划，开展了多层次的保护工作，逐步形成了科学、合理、有效的保护机制。为了不断提高人们的保护意识，他们又组织编写了《山西古村镇系列丛书》，本系列丛书撷取山西有代表性的古村镇，翔实地介绍了其历史文化、选址格局、建筑特色、非物质文化遗产，内容较为丰富。为了完成书稿的写作，课题组多次到现场调查，在村落中居住生活了相当一段时间，积累了大量第一手资料。通过细致的测绘图纸和生动的实物照片，可以看到他们极大的工作热情和辛勤劳动。这套丛书不仅是对古村镇保护工作的反映，更有助于不断增强全社会的文化遗产保护意识。让我们以此为契机，妥善处理保护与发展的关系，做到科学保护、有效传承、永续利用历史文化遗产，不断开创历史文化名镇名村保护工作的新局面。

是为序。

住房和城乡建设部　副部长

目　录

丛书总序

第一章　光村古村落历史文化 ······· 1
  一、光村概况 ······· 2
  二、历史沿革 ······· 4
  三、光村的四大家族 ······· 8
  四、民俗活动 ······· 15

第二章　光村古村落空间格局 ······· 23
  一、村落选址 ······· 24
  二、村落格局 ······· 27

第三章　光村古村落居住建筑 ······· 61
  一、居住建筑概述 ······· 62
  二、赵氏院落群 ······· 79
  三、薛氏院落群 ······· 92
  四、蔺氏院落群 ······· 104

五、李氏院落 · 117

第四章 光村古村落公共建筑 · 123
　　一、概述 · 124
　　二、宗教建筑 · 127
　　三、宗祠建筑 · 143

第五章 光村古村落装饰艺术 · 151
　　一、屋脊与吻兽装饰艺术 · 152
　　二、瓦当与滴水装饰艺术 · 157
　　三、斗栱装饰艺术 · 158
　　四、花板装饰艺术 · 163
　　五、驼墩装饰艺术 · 166
　　六、门枕装饰艺术 · 167
　　七、柱础装饰艺术 · 169
　　八、台阶条石装饰艺术 · 172
　　九、门钹装饰艺术 · 173
　　十、匾额装饰艺术 · 175

十一、门窗装饰艺术 179
十二、影壁与墙面砖雕装饰艺术 183

附录 187
 附录1 历史建筑测绘图选录 187
 附录2 碑文选录 202
 附录3 家谱选编 207
 附录4 家族历史故事 210
 附录5 口述历史 216

后记 219

【第一章】

光村古村落 历史 文化
LISHI WENHUA

一、光村概况

　　光村位于山西省西南部（图1-1），隶属于运城市新绛县，距新绛县城约20公里（图1-2）。它坐落在吕梁山脉姑射山南麓下，处于临汾盆地边缘地带的山前平缓坡地，背山面水，具有优良的自然条件。其地势北高南低，东22公里处有汾河流过。光村与邻村之间以农田相隔，西靠大聂村，东临北苏村。村落周边围绕着4条道路，其中以799县道为主要道路，连接着西至石门峪口，东至义西毛村，南至孝陵庄村，北至小聂村范围内的10余座村落。经由道路交通形成相互依存的村落群。光村位于新绛县城通往该村落群的必经之路，具备成为区域中心良好的交通条件，为经济与文化的发展奠定了基础。

　　光村的鼎盛与周边环境有着重要的关系。民国时期《新绛县志》[1]关于光村及光村东部的北苏村的部分写道："泽掌镇东部边缘的北苏村，历来为襄汾、乡宁、新绛3县

图1-1 运城市区位图（山西省）

图1-2 光村区位图（新绛县）

---

[1] 第一部《新绛县志》编纂开始于1920年（民国9年），徐昭俭总修，杨兆泰纂修，杜曜箕、焦卓然协修，主要参考了从明代正德十六年（1521年）到清代雍正二年（1724年）历经多次修改与续修的《绛州志》和《直隶绛州志》。历时十年，由太原崇实印刷所印成，10卷本。这里参考的即为民国版的《新绛县志》。

之货物集散地，集市贸易繁荣，现为本县十大集市之一。"北苏村作为三县交会之所，集多方来宾，汇南北流通之货物，从而有着大量的人口流动和财富积累，各项事业在和平时期都得到极大发展。北苏村相距光村不足千米，两者相互依存。北苏村为商业集贸中心，而光村则为宗教聚集中心。光村寺庙众多，时常举办各种庙会。每逢庙会村内车来人往，十分热闹。像每年农历三月二十八日的东岳庙逢古会等，唱戏、购物、踩高跷等娱乐活动丰富多彩，影响力远播周边众多县镇，可谓当时一大胜景。

图1-3 新绛县全境地图（民国时期）

民国版《新绛县志》中记载了从明代到当时新绛地区的建制，从中我们可以看出这段时间光村隶属行政区域的变化情况：

（1）明代绛州州城分5坊，其余农村划分为5乡，5里，141庄。光村隶属于大聂里，宁国乡。

（2）清代州城分4坊，其余分5乡，75里，189庄。光村隶属于大苏里，岁丰乡。

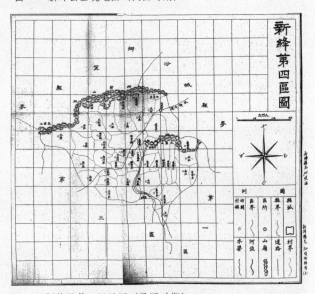

图1-4 新绛县第四区地图（民国时期）

（3）民国时期，新绛整体划分为四个区（图1-3），光村隶属于第四区（图1-4）。

（4）新中国成立后，光村隶属于山西省运城市新绛县泽掌镇。

二、历史沿革

1. 仰韶文化时期——远古时期

20世纪50年代，在光村现址北部、福胜寺北部发现光村遗址（图1-5）。该遗址分布在东西长2000米、南北宽500米范围内的3条沟崖之上，文化层厚2~4米。据《中国考古年鉴1994》记载，暴露的遗址有灰坑七处，房址三处，陶窑两处。新绛县博物馆对光村遗址进行了调查并采集到大量标本，共采集陶器与石器等标本350件，包括陶制的盆器、瓶器、石铲和玉石器等，绝大部分为残片，复原者甚少。光村遗址的出土文物按不同特征可分别对应于庙底沟文化、半坡四期文化等多种类型。[1] 由此可见，光村所在位置是经过长时间发展的，融合多种地方风格的人类文化。光村的地理位置想必是当时重要的交通会聚点。

光村遗址的发现证明了至少在3000年前光村已经有人类聚居并形成了一定的文明。追溯光村的历史文化，必然要从仰韶文化时期开始。

图1-5 光村遗址现状

---

[1] 根据发掘地理位置，仰韶文化有数十类分类方式，如庙底沟文化遗址位于陕州古城南。

2. 北齐时期——光村得名

关于光村名字的由来，当地有一个美妙的传说：北齐时，光村现址上空某夜突现昼光，五彩缤纷，耀眼夺目，奇绝艳丽。村民遂以吉兆上报朝廷。皇帝龙颜大悦，恩准周边居民迁居于此，并赐名光村。然而光村天空发光之事并没有确凿的历史记载。仅在20世纪80年代地名的普查中，从当地群众口中得知发光一说。天空发光的具体年月、地点以及原因不得而知。

关于发光地点，存在着两种说法：一说村北，还有一说是村南。后者认为村人初住现址北边，发现南部发光，认为是祥瑞之兆，风水宝地，遂陆续迁居过来，聚成现今的村落。

关于发光的原因，也有着多种推测。传说可能是地下古文化的珍宝，可能是沉睡在深层的矿产，抑或是地热能源，还有很多当地村民认为是佛光灵异。

3. 唐宋时期——发展时期

光村唐宋时期的史料极少，仅以大唐贞观年间的兴建福胜寺推测当时光村已初具规模。宋朝时局动荡，大量难民路经此地，为光村带来新的劳动力，推动了村落的发展。若着眼于光村所在的新绛县，则可知新绛历来为兵家必争之地，有着重要的战略位置。民国版《新绛县志》中记载："新绛北枕九原，南襟峨岭，姑射雄峙西北，汾浍环绕于东南，在前晋为都会之处，在李唐为六雄之一。"

由文献和碑记可知，福胜寺始建于唐贞观年间，在金大定年间得名"福胜寺"。民国版《新绛县志》记载："大唐贞观年间（627~649年），一蔺姓人官拜尚书，为官清廉，圣上大悦，钦准在光村建一寺院，以表彰其德操。"福胜寺大殿外的一通石碑《重修福胜寺院添修年谱记》有如下记载："昨于大定[1]三年，省符遍行天下，其无名额寺观补助军储，清买其额，僧惠□领素士鸠财同欢纳讫，赐名曰'福胜寺焉'。"贞观与北齐相差不到100年，能够修建大型寺庙的村落想必已经具有足够大的规模。

《宋史》中记载："靖康元年[2]五月，金人入寇，姚古将兵至威胜，闻粘罕将至，众惊溃，河东大振……八月，都统制折可求师溃于子夏山，威盛、隆德、汾、晋、绛民皆渡河

---

1 大定，金世宗完颜雍的年号1161~1189年。
2 靖康，公元1126年，北宋皇帝宋钦宗即位，定年号靖康元年。

南奔。"光村位于新绛最北端,是难民的必经之地,光村附近流动人口数量也随之增加。笔者推断,正是因为宋朝时局动荡,周边人口不断迁徙而来,使得光村在接下来的和平时期拥有了足够多的人口,光村逐渐发展至一定的规模。

4.明清时期——鼎盛时期

明清时期,社会繁荣稳定。光村的发展逐渐达到了鼎盛时期。据村中吴德喜等人的不完全统计,光村仅清朝受"皇封"的官吏就多达四十余人,最高官至四品。如蔺于淳当年高中举人,后难忍官场糜烂风气,弃官还乡,生活简朴,多施钱财于村内贫苦之人,被传为一段佳话;清末民国时期远近闻名的晋商有20余人,如蔺世荣创办了当时晋南最大的钱局"兴业钱局"。

光村皇封官吏一览表(部分)   表1-1

姓名	品级	官职	备注
蔺相如		丞相	战国名相
蔺世强		诰授奉政大夫、光禄寺少卿	明代官吏
赵治	四品	诰赠中宪大夫	
赵而检	四品	诰赠中宪大夫	
赵蒸	四品	候选知府	以上三人系祖孙三代
蔺春宣	五品	翰林院编修	清嘉庆甲子科举人
薛志朴	从五品	守御所千总	薛氏十二世祖
赵涛	从六品	敕赠儒林郎	赵氏九世祖
赵而朴	从六品	候铨州同	赵氏十世祖
薛施仁	从六品	布政司经历	薛氏九世祖
薛煦	从六品	议叙布政司理问	薛氏十五世祖
王思聪	从六品	州同	甘肃武威任职
王思忠	从九品		清咸丰年间
赵清源	从九品		清康熙年间
蔺瑄	从九品		清康熙年间
范振川	从六品	布政司经历	清道光年间

村内有阁楼二十余座（抗日战争胜利前夕统计），庙宇二十余座（抗日战争前统计），舞台八座（1938年统计），诰封楼[1]七座（解放初期统计），商铺、作坊共计十余家（从清代到解放战争时期），还有几十座豪宅大院分布在村内。目前保留下来的建筑多为清代所建，基本符合我国北方典型的四合院加附属院落的组合形式。它们的典型特点为注重装饰与文化内涵：门楼精雕细刻以显示财力雄厚；内部木雕装饰多为吉祥图案，表达美好愿望；牌匾形式简约，题字苍劲有力，以示主人高尚节操；建造用料砖木混搭，楼高墙耸，庄严厚重。

同时，在清末社会动荡时期，光村拥有新绛县城以北的便捷交通条件，也为其带来了祸患。光村财富多而人口少，成为盗匪时常光顾的地方。针对此种现象，光村人采用多种措施来抵御外敌。

首先，出现了铁丝院这种前所未有的防御形式。宅主用铁丝织成网，罩在院子上方，网孔极小，连麻雀都无法飞入其中，四周固定在屋椽上，

图1-6 阁楼

铁丝粗细各异，利器难以破坏，同时，铁丝网上挂有大量的铃铛等响器，起到报警的作用。光村原有范家大院等铁丝院八座，但在新中国成立后，随着房屋的易主和破坏而全部被拆毁。

再者是修建阁楼（图1-6），阁楼也称"护家楼"，一般高十几米，只在顶层开设小窗，居高临下，不仅可以起到警哨的作用，也可用各种器物攻击来犯之敌。楼层之间有可封闭的通道口，以便更好地保护家人和财产安全。阁楼易守难攻，可谓是民居中的碉堡。当然，修建高耸的阁楼也有显示财富的意味蕴含其中。光村在抗日战争前夕有22座阁楼，后来经过数十年的动荡，如今只有两座阁楼依然挺立。

---

[1] 诰封楼，工艺精美的木质缩小版"楼房"，一般60厘米见方，高约1米，专门供奉圣旨，悬于北房中间檩架中央位置。

5. 近代时期——衰落时期

时局动荡，财富难以保全，外面积聚的资本难以运回村内，使得光村伴随各个家族的衰落而逐渐步入了衰败。清末赵家变卖家产以维持生计，其余各家也逐渐衰落。土地改革时期，许多家族都被打倒成了地主阶级。房产被没收，其中大部分宅院遭到了严重的破坏（图1-7）。多数情况下，一座豪宅大院被分给多个家庭共同使用，而多个家庭为了分隔使用区域，经常会在原有的宅院里砌筑墙体，封闭原有门洞或者开设新门洞。现存的院落，在形制上也多与原院落存在差异。

图1-7 赵家破败的老建筑

随后的合作化时期，许多宅院都作为集体食堂等公共建筑使用，从而难以得到基本的维护。光华的外表逐渐退去，只留下一道道伤疤。如赵家变卖给薛家的祠堂，在合作化时期，被用作合作社的食堂，而两家的物件陈设都被清理掉了，院落也在使用过程中遭到了一定程度的破坏，至今墙壁上仍有"食堂"等字样。而在"文化大革命"期间，更是有许多家谱、碑文、地契等被烧毁，只有极少部分得到了保留。这也为如今光村的历史的研究带来了缺乏原始资料很大的困难。

三、光村的四大家族

光村悠久的历史上，曾出现了许许多多的家族，光村的兴衰与这些家族的起起落落紧密联系在一起。明清以前，并无光村各大家族的资料记载。而在明清时期，光村的赵、蔺、薛、王四大家族逐渐成为远近闻名的大家族，共同见证了光村的兴盛与衰落。最能体现家族文化的就是祠堂建筑与民居院落。光村鼎盛的清代，规模较大的院落有二十余座，祠堂十余所，各大家族以其祠堂为中心建造宅院、商铺、牛院等建筑，逐渐形成了以姓氏家族分区的组团格局。从现有建筑的梁下题字、匾额和碑文中可以看出,大部分保留下来的建筑都为清代所建,或在清代经历了大规模的翻修。

同时,四大家族的乡绅也捐献了大量的财富用于寺庙的建设。如村中集资建立三圣殿,清乾隆年间于福胜寺修建牌坊,还有玉皇庙塑像的塑造等,诸多碑文石刻中都体现着当时举全村之力大兴土木的盛况,如碑文"立塑玉帝碑记"中记载道:"阳城北四十里,大聂都光村西北乾□之位,于元远时建立,堂内无神像,后于正德丁丑年本庶人等各施资财,于内补塑神……"无论是修葺一新的老建筑还是新建筑,都为光村增添了光彩。

1.赵氏家族

赵家何时开始居住光村,现无确凿的史料能够证明。赵家《家谱跋言》中有如下记载:"吾族□失谱,前人仅以世次之确可□者,札记而秘藏之。乾隆十三年,长房从兄动始里衍成帙,至三十二年,动兄暨熊兄又益以序文欲授□而未果。"由家谱中可见,虽然在清乾隆年间赵家已经是光村首屈一指的大家族。但是随着时间流逝,赵家家谱也没能得到很好的保存。而在清代赵氏家族达到了鼎盛。人们在满足物质上的需求后,希望得到精神上的慰藉。通过新修一本家谱,来弥补整个家族的缺憾,就成了最好的选择。因此,赵家人很诚恳地撰修一部家谱。追溯先人以"确切"为标准。虽然赵家"在晋为世族",但赵家的家谱追溯的并不久远,不确切的事情并没有被编入史册。赵家供奉的排位中以清代赵小九为世祖(图1-8)。由此可见赵家人秉承的是一种求实的精神,作风严谨,所有的事都按照规矩办。

图1-8 赵家供奉灵牌

赵家在商界颇有作为，生意不仅局限在新绛附近，更延伸到了苏杭二地。赵家在积累了财富之后，建造了大量宅院，比如赵大厅院、部伯院和赵三家院在同一时期依次建造，独占一条胡同、占据赵家胡同（图1-9）。同时，不断兴建的建筑群也占据了通天街西部的大部分用地，分别由当时的赵家三兄弟居住。由于赵家人口众多，所以建造了大量的祠堂。祭祖时根据祭祀规模大小而选择不同的祠堂。小型规模的祭祀由各分支家庭独自完成，只有大型的年节性祭祀，才会集全家之人于总祠堂共同举行。

赵家虽为光村第一家族，但没有自恃清高，而是奉行"积善"祖训，这一信条也使得赵家在发迹之后，为光村做了很多贡献。赵家大厅院的小门楼一块清嘉庆年间的木匾刻有以下内容（图1-10）："易曰积善之家必有馀庆，积不善之家必有馀殃。又曰善不积不足以成名，恶不积不□□，□身人之为为善亦由此。心之良不敢自丧以沦入禽兽，非欲微福庆□天也，熬天地鬼神不在乎，他在乎吾身心而已，善则和气应，不善则□气应，轻重□远等于桴鼓人自弗觉耳。"

村西北福胜寺大殿外两侧的功德碑文中，多次提到赵家人的捐赠行为："乐善不倦"碑中出现132人，其中27人为赵家族人（图1-11）；"集腋成裘"碑中出现160人，其中33人为赵家族人（图1-12）。作为光村当时最大的家族，赵家正是凭借着这种慷慨奉献的精神引领其他家族，在自身快速积累财富的同时，也支持着整座村落的建设。

图1-9 赵家胡同

图1-10 赵家大厅院小门楼上木匾

图1-11 福胜寺乐善不倦功德碑

图1-12 福胜寺集腋成裘功德碑

2. 蔺氏家族

蔺家家谱中记载: "祖宗虽远, 思念不忘" (图1-13、图1-14)。光村蔺家人认为光村是战国名相蔺相如的故里, 从而把蔺相如作为自己的祖先。蔺相如是春秋战国时期赵国名相, 晋南曾归属于赵国, 所以这个猜测有一定的可能性。目前关于蔺相如祖籍的说法有很多, 但尚无确切的定论。福胜寺内的廉颇、蔺相如塑像 (现已被毁) 也表明了光村人自古就坚信着蔺相如是光村人的说法。蔺家人善于仕途, 世世代代常有为官之人。

蔺家一墓志铭有如下内容: "皇清□敕赠武德佐骑尉, □风蔺公, 暨德配王宜人, 合葬墓志铭。修德者克昌厥, 后积善, 受富无疆。若□赠武德郎蔺公者, 吾乡善士也, 讳于淳, 字□风, 派出相如, 居绛北光村。先世功德不胜枚举, 公□九鼎公谨厚可风。"(图1-15) 碑文中记载的蔺于淳即为蔺家仕途人的代表, 即使身居官位, 仍不忘家乡父老, 以身作则, 广施钱财, 建设家乡, 为所有从光村走入仕途的人做出了榜样。

所谓"万般皆下品, 惟有读书高", 虽然包括蔺家在内的四大家族在康乾盛世积累了大量财富, 但他们仍然不断追求读书这一更高境界。蔺于淳在蔺家众多的家主中能够拥有歌功颂德的墓志铭, 与他善为官是分不开的。虽然父亲早逝, 但聪颖而爱好读书的他为蔺

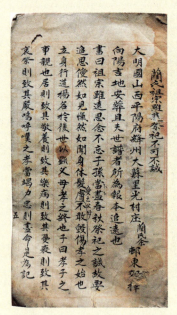

图1-13 蔺家家谱选页

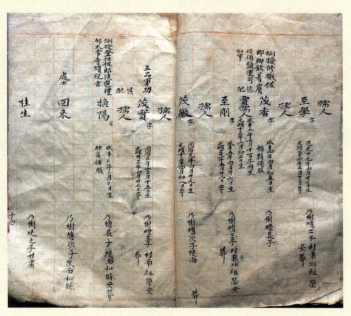

图1-14 蔺家家谱选页

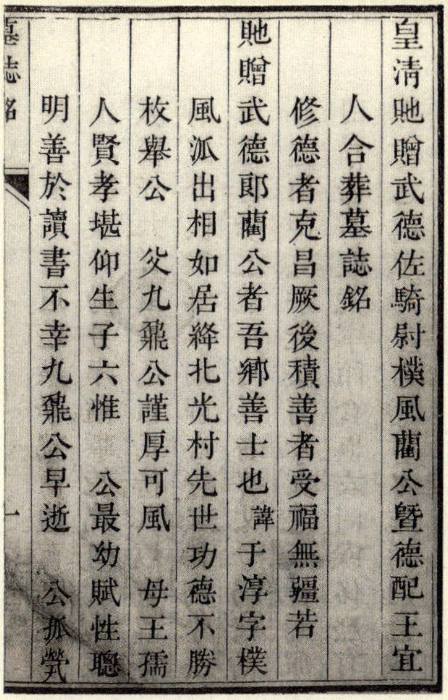
皇清貤贈武德佐騎尉横風藺公暨德配王宜
人合葬墓誌銘
修德者克昌厥後積善者受福無疆若
貤贈武德郎藺公者吾鄉善士也諱于淳字樸
風派出相如居絳北光村先世功德不勝
枚舉公 父九鼐公謹厚可風 母王孺
人賢孝堪仰生子六惟 公最幼賦性聰
明善於讀書不幸九鼐公早逝 公孤煢

图1-15 蔺家墓志铭抄本选页

家的子子孙孙树立了榜样。作为家财万贯的蔺家之主，不把科举当作一种谋生求财的手段，而是通过读书来提高自身的道德修养与素质，这样的读书精神是可敬的。

虽然在明清时代并未出现像蔺相如一样官居高位的显赫人物，但蔺家一直保持着读书养德的传统，世世代代地保持着知书达理，品行端正的形象。这种高尚的节操修养，也在光村村内产生了深远的影响。时至今日，光村人仍继承着善书法，乐工笔，饱读诗书的传统。

如今，蔺家后人蔺永茂父子经过艰辛的努力，成功地恢复了“澄泥砚”的制作工艺，使得早已失传的中国四大名砚之一的澄泥砚能够重新为人们所欣赏。这不仅是光村、新绛的荣誉，更是我国非物质文化遗产保护的一大成就。

3.薛氏家族

薛氏家族于何时来到光村，现已无法得知。康熙时期的《薛家家谱》中有如下记载：“此二茔内不知安厝几代。祖茔至清明佳节，吾族人齐集，□扫据上数茔而观。则吾族居此光村年诚久远矣，但在明时与向家庄同侯姓大聂里八甲至”（图1-16、图1-17）。由此可见，清代康熙年间的薛家人都无法探求到自己的家族到底何时来到的光村，也不知道两处茔地安葬了多少族人，所有的一切都只能说是“年诚久远矣”。

薛氏家族不但建造了大量住宅和祠堂，还有当铺院、染坊院等商业建筑。薛家的宅院多集中在光村西南部分，分布在薛家胡同一带。现在只有部分院落得到保留，但残垣断壁给人一种触及历史的感觉。值得一提的是，薛家胡同得到了很好的保护。薛家胡同两边都为薛家院落，两侧院落向中间胡同开门，整条胡同都为薛家所有。相传，薛家胡同两头原可封闭，到了晚上，便大门紧锁，使得外人无法进入，直至清晨，再打开大门。薛家胡同宽2米，长80米，全部由青石板铺砌而成。如今青石板仍在，在阳光的照耀下光辉依旧，让人遥想到当年薛家胡同外车水马龙，而胡同内静谧幽远的景象。

如今，仍然有很多薛家人生活在光村这片热土上，虽然土改时期薛家被打成了地主，房产多被没收，但这没有浇灭薛家人对这片土地的热爱与眷恋，经过一代代人不懈的努力，薛家已然成为当下光村的第一大家族。薛家家谱也一直得到了持续的传承，完好保存于光村薛增禄书记家中。

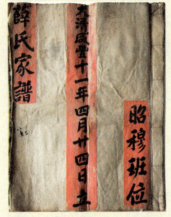

图1-16 薛家家谱封面

图1-17 薛家家谱选页

4.王氏家族

相较于赵家、薛家和蔺家，王家的产业较小。据村中老者回忆：王家先祖本是范家的长工，范家人丁稀薄，状况日下，逐渐变卖家产以维持生计，最后没有子嗣延续。范家最后的老太太许诺王家先祖，如果为她养老送终，便将宅院相送。从此，王家在光村站稳了脚跟，修庭院，做生意，成为光村一大家族。

王家大部分宅院分布在光村东北部，虽然在财富上无法与其他家族相比，但也有特别之处。王家产业虽少，但拥有祠堂两座，土地改革被分配给农民。与之相对，赵家衰败之时曾把一座祠堂变卖给薛家以解燃眉之急。由此可见，两家族对祠堂、先祖的观念不尽相同。如今，王家的院落多数完全损毁，无法与数量众多、保存相对完好的赵家宅院相比。而王家人更是少有在光村居住，历史传承无据可考。从村中老人口中得知王家曾经出过两个书法家，也曾受过皇封，宅院门楼曾高悬"浩封楼"，但如今都已经不复存在。

总体而言，赵家名气数一，宅院众多，家业雄厚。薛家居二，蔺家第三，而王家居四。四大家族在积累财富的同时，都曾有人为官，官位最高的赵家曾捐官至四品。

四、民俗活动

　　光村历史悠久，文化积淀深厚，面塑、剪纸、刺绣等山西普遍的民间传统艺术在这里得到了传承。与其他村落相比，最独特的就是剪纸、书画与澄泥砚工艺这三样民间工艺与丰富的庙会活动。

1. 剪纸

　　光村的剪纸艺术传承已久，颇具地方特色。制作工艺有刻刀和剪刀两种，多以彩纸作为材料画面，都精美绝伦，有的含蓄婉约，有的豪放粗犷，有的活泼可爱。逢年过节、红白喜事等，家家户户都会张贴出各式各样的剪纸。剪纸是光村男女老少必会的一种传统手工艺，有很多人满怀热情地传承着这一传统工艺。改革开放以来，光村人民生活水平越来越高，剪纸的内容也越来越丰富，以红红火火的"喜"字迎春接福，以劳动人物形象歌颂美德，以腾龙凤舞憧憬美好未来，以莲花福字期待多子多孙，许多优秀的剪纸作品不断涌现。通过剪纸的手艺，光村人不仅丰富了村内的文化生活，也发扬了这一文化传统，最重要的是表达了对生活饱满热情与信心（图1-18）。

2. 书画

　　光村从来都不缺文人墨客，村内的碑文也多由本村的文人来撰稿、雕刻。书画作品更是数不胜数。新绛县更是专门出版《名村风采》整本收录光村人的书法与绘画作品。

　　光村人的字画风格多样，既有细腻的蝇头小楷，也有豪放的刚健草书，既有细致多彩的工笔，也有清新淡雅的山水。字画内容题材也是多种多样，碑文家谱，木匾石刻，即兴诗篇等书法作品不胜枚举。

　　和很多热爱书画的人一样，光村人把书画作为一种品行上的修炼，而不仅仅是一种普通的技法传承或者爱好。光村人虽然致力经商，但仍渴求仕途。但仕途上的种种不如意，也让光村人向往采菊东篱下的悠然，书法绘画也逐渐成为一种获得精神富足的手段。直到现在，光村人依然热爱着书法绘画，相信他们也能够一直将这传统传承下去（图1-19～图1-25）。

光村 古村

山|西|古|村|镇|系|列|丛|书

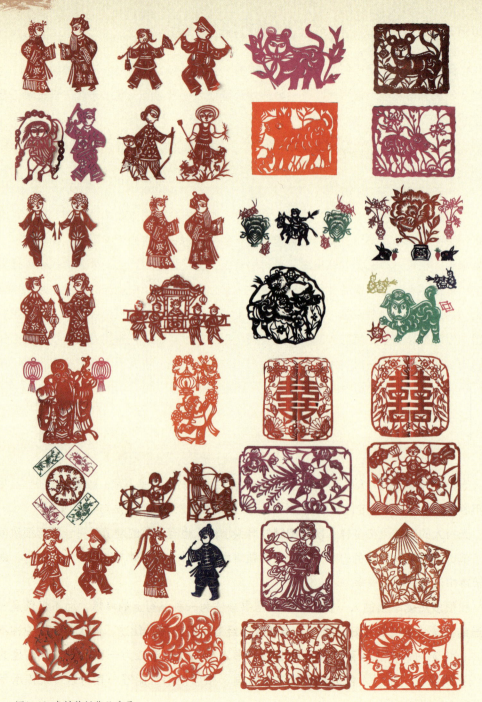

图1-18 光村剪纸作品选录

图1-19 行楷作品

图1-20 魏书作品

图1-21 行书作品

图1-22 篆书作品

图1-23 绘画作品（卫夫人）

图1-24 绘画作品（罗贯中）

图1-25 行草作品

3. 澄泥砚

《新绛县志》中这样描述澄泥砚："澄泥砚,即陶砚也。为砚史中著名之产物。天录余云绛州澄泥,陶以为砚,水不涸。按绛州出澄泥砚《山西通志》及《绛州旧书志》均载,即可知澄泥砚确为绛州所出,惟在今日无制之者。盖其法早已失传矣。"澄泥砚和端砚、歙砚、洮砚齐名,并称中国四大名砚,是中华民族五千年黄河文明的艺术结晶,源于秦汉而兴盛于唐宋,但在明末清初技法失传。直至当代,在蔺氏父子[1]的不断尝试与努力之下,澄泥砚终于重现天日。

《贾氏谈录》[2]中记载:"绛人善制澄泥砚,缝绢囊置汾水中,逾年而后取,泥沙之细者已实囊矣,陶为砚,水不涸焉。"虽然历史上有许多文献都记载了澄泥砚的制作手法,但明末之后失传,留下了近三百年的缺憾。究其原因,很重要的一点应该就是澄泥砚的制作工艺比端砚等其他砚台复杂,制作者不仅要精通绘画、雕刻、书法、篆刻、设计、色彩等多种技法(图1-26),而且也要了解物理、化学、土壤、地质、陶瓷,还要熟悉并精通造型艺术。所以说,绛州澄泥砚是属于陶又高于陶,属于刻砚又复杂于刻砚的综合艺术门类(图1-27)。

澄泥砚最大的特点在于重视造型。千百年来,光村人精于雕刻、书法、绘画,对美学

图1-26 澄泥砚传统工艺雕刻工具

图1-27 澄泥砚匠人

---

1 蔺氏父子,父亲为蔺永茂,儿子为蔺涛。
2 贾氏谈录,南唐杨洎著,收入《永乐大典》。

有自己独特的理解。这让光村制造的绛州澄泥砚造型丰富多彩，有的敦实厚重如在诉说悠久的历史，有的精巧细腻如在描绘美丽的风景（图1-28、图1-29）。

图1-28 澄泥砚作品（从左至右依次为"自称臣是酒中仙砚"、"海天浴日砚"、"一片冰心在玉壶砚"）

图1-29 澄泥砚作品

4. 逛庙会

庙会是光村人休闲娱乐的重大活动，也是他们继承下来的习俗民风、信仰文化。在光村，至今流传着关于庙会的一些传说故事（见附录），也保留了一些庙会传统娱乐节目的照片（图1-30）。光村原有三座戏台，每年的农历三月二十八是光村的东岳庙逢古会的日子，三座戏台轮流开唱比赛，同时宴请邻村绅士，大摆筵席，风风光光，节目层出不穷，踩高跷，抬花轿，整个光村在这一天都沉浸在欢愉的氛围当中。虽然如今三座戏台消失了，但这丝毫没有影响光村人民对庙会的热情。在这里，与其说庙会是宗教信仰的一种传播，倒不如说是光村人民欢聚一堂，共庆盛世的美好节日。

图1-30 逛庙会老照片

5. 面塑

面塑是山西传统的文化习俗。每逢佳节、祭祀等重要的场合，面塑都是必不可少的。光村的面塑更是以洁白、样式繁多、手法精美而著称。近几年面塑才以艺术品的形象出现在世人面前，最早只是作为节日祭祀的必备品。所以虽然光村的面塑历史传承已久，但很多作品没有保留下来。

图1-31 花馍面塑作品成品

图1-32 花馍面塑作品过程　　　　　　　　图1-33 面塑作品过程

　　光村的面塑样式繁多，有动物、植物、人像等。场合不同，制作的面塑形象、色彩都不尽相同，各有各的寓意，各有各的用途。如图1-31所示，为面塑作品，人们将颜色艳丽、姿态多样的"花朵"置于白馍之上，犹如出水芙蓉般美丽，可作为祭祀之用。如图1-32、图1-33所示，颜色鲜艳的牡丹象征着富贵吉祥，繁荣昌盛；菊花象征着长寿、永久，可作为节日庆祝之用。

6.采椽不斫

　　在光村，虽然大家族炫富的故事脍炙人口（见附录），但如今的光村人已然摒弃了奢侈的生活方式，过着艰苦朴素、日出而作、日落而息的生活，茅茨不剪，采椽不斫，衣不重彩，食不重味。

　　在光村，虽然纺织活动已然很少见了（图1-34），但老人们仍然习惯驾着牛车去田间劳作（图1-35），妇女们也习惯在宅院中操持家务来打发时间，偶尔大家闲坐在自家门口，彼此闲聊，一副怡然自得的生活情境（图1-36）。

图1-34 被遗忘的纺织工具

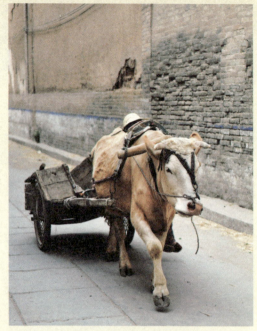
图1-35 通天街驾着牛车的老人

图1-36 宅院里人们劳作的成果

第二章

光村古村落 空间 格局

KONGJIAN GEJU

一、村落选址

1.地理环境与选址

　　光村古村落地处临汾盆地边缘地带，西北面有吕梁山脉姑射山，东望汾河。其西有大聂村，东靠北苏村，村落之间有农田相隔（图2-1、图2-2）。村落所处地势平坦，适合建造房屋，整个村落轮廓呈正方形。

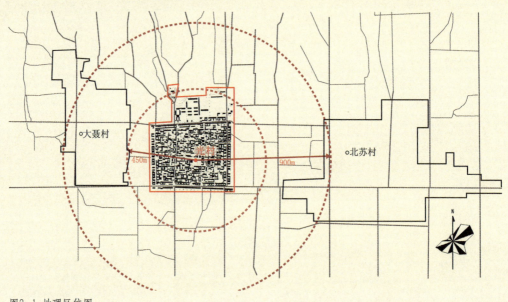

图2-1 地理区位图

　　光村之所以选址于此处，自然条件主要有以下三点优势：

（1）水源

　　古人择水而居，汾河支流流经新绛县，给光村带来了丰富的地下水资源，满足人们用水之需。光村地区夏季雨量充沛，村北原有一池塘可收集雨水，故此全村蓄水、用水都很是方便。

（2）农业

　　正所谓"民以食为天"，光村地处平原，地势平坦，周边有着富饶的土地资源供人们

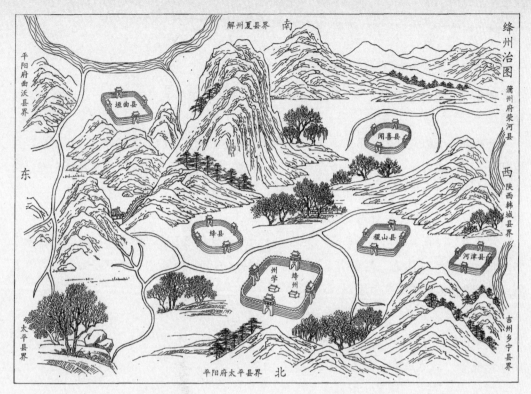

图2-2 绛州治图[1]

耕种。土地资源能够满足自给自足的封建小农经济,使村民能长久居于此地。

(3) 经济因素

  光村周边村落的经济因素也是其选址于此的原因之一。随着商品经济的发展,人们在有剩余物品的条件下,需要市场进行交易。人们逐步打破了"居不近市"的传统观念[2]。光村东面的北苏村,根据民国版《新绛县志》中记载,历来便是货物集散地,为新绛县十大集市之一[3]。故北苏村为光村提供了商品交易的场所,使光村村民能长久聚居于此。

---

1 (清)李焕扬修,(清)张与铸撰《直隶绛州志》,清光绪五年(1879年)。
2 王金平、徐强、韩卫成著,山西民居,中国建筑工业出版社,2009年,第69页。
3 详见本书第一章、光村历史文化之历史沿革部分。

2. 风水堪舆与选址

中国古代风水学是人们以实践为基础，积累并总结出选择良好居住环境的方法。风水学重视居住空间与自然环境的关系，其中最为理想环境模式是完整的"靠山面水"的地理单元。

光村选址于临汾盆地的平原地带，离姑射山距离不远，虽然无法直接靠山藏住北风，但却不失于一块风水之地。根据《地学指正》[1]中说："平阳[2]原不畏风，然有阴阳之别。向东、向南所受者温风、暖风，谓之阳风，则无妨。"光村地处平原，村落坐北朝南，能够享有南面良好的日照，且避免了村落正面直进北风。

光村古村落在其东南角上原有一池塘称子母池（现已不存），池塘可以收集夏日雨水供人们使用。风水认为，地表水系中，池塘是好地的表现，蓄水之塘可以荫地脉，养真气，并且方便人们的生产生活。

光村村落北面地势崎岖，时人以风水"喝形[3]"一说将其中的鸟儿沟比作一条巨蟒，且"巨蟒"张开的大口正对村子，"煞气"甚重，所以为抵挡"煞气"，保村民安康，便在"巨蟒"头上人工修建土岭——北雄山，以抵挡鸟儿沟的煞气（图2-3）。村民更应风水要求"植树、培补龙背砂山[4]"，在北雄山上广种植树木，可"广植榛林少枫樟，是岁交秋，霜侵叶变，五彩绚明，大添风景"。从环

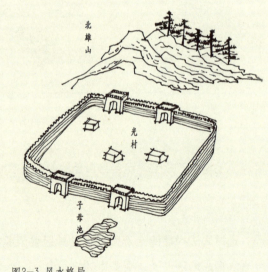

图2-3 风水格局

---

1 （清）何广廷撰《地学指正》，清宣统二年（1910年）。
2 平阳：即平原地区。
3 喝形：风水中，人们凭直觉观察，将山川河流比作某种动物。
4 同下文中"广植榛林少枫樟，是岁交秋，霜侵叶变，五彩绚明，大添风景"皆出自（清）王道亨编纂，（清）姚廷銮著；李祥白话释意《阳宅集成》，中国古籍出版社，2010年。

境学的角度来看,北雄山上树叶茂盛,可以起到挡风防沙、净化空气,而且能够利用植被维护和调节当地的小气候,使得村落和环境的景观都更加适合并提升人们居住质量。

二、村落格局

1. 基本格局

村落格局关系见图2-4,村落空间格局内容见图2-5。

聚落的形态受到自然、人文等因素的影响,概括而言,可按人们的居住方式分为两大类,即聚居型聚落和散居型聚落。而一般而言,山西乡村聚落的空间布局形式又可细分为"点、线、面、体"四种(图[3]

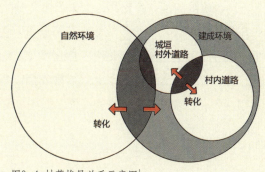

图2-4 村落格局关系示意图[1]

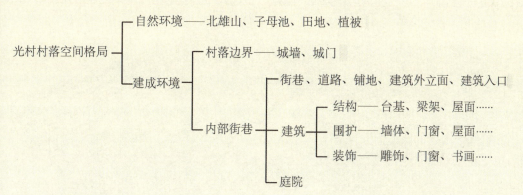

图2-5 村落空间格局内容[2]

---

[1] 图参考:段进等著,世界文化遗产西递古村落空间解析,东南大学出版社,2006年,第82页。
[2] 图参考:段进等著,世界文化遗产西递古村落空间解析,东南大学出版社,2006年,第82页。
[3] 王金平、徐强、韩卫成著,山西民居,中国建筑工业出版社,2009年,第70~75页。

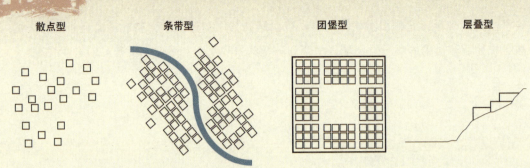

图2-6 "点、线、面、体"四种聚落空间布局形式示意图

2-6):①散点型。除自然、人文因素影响之外,还受到生产方式的影响,实际上只是散布于地表上的住宅,少于规划,最是原始;②条带型。此种形态主要是沿水资源或古驿道或交通枢纽而建形成带型聚落;③团堡型。此类聚落形态大多分布于平原地区,内部道路为"丁"字、"十"字或"井"字形布局,村落的城垣直接塑造了乡村聚落的整体形状;④层叠型。以窑洞为主要形式,依山就势布局,是在高原地区一种因地制宜的构筑手段。

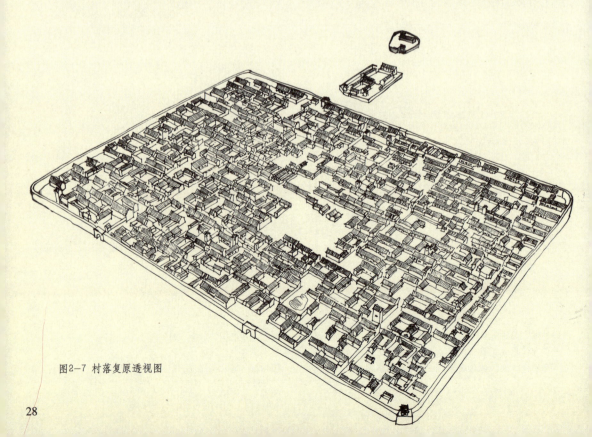

图2-7 村落复原透视图

根据以上四种空间布局形式，再结合光村自身的特点，不难看出以下关于光村的几个特点：

第一，光村的形态属于典型的团堡型聚落。其地处平原，无地表水系穿过，没有水体或山体可以依附生长。按照《周礼·考工记》中所描述"匠人营国，方九里，旁三门。国中九经九纬，经涂九轨"的规划方法，光村形成了以城墙直接围合出的正方形为村落边界，且内部道路经纬相交，主次分明（图2-7、图2-8）。

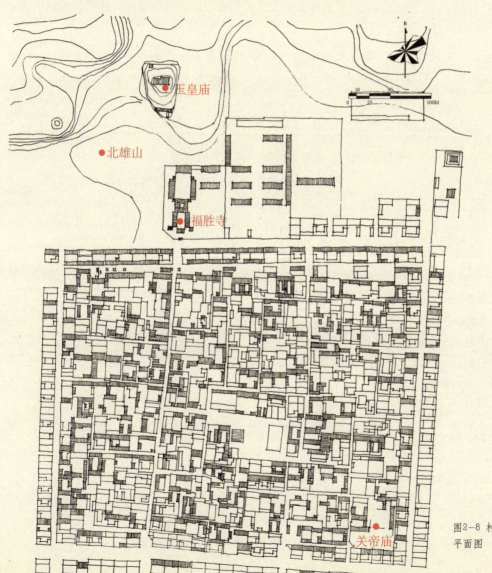

图2-8 村落总平面图

第二，光村村落道路平面以南北走向两条主路为骨架，穿插东西走向的两条辅路，四条道路交叉，形成"井"字格局（图2-9），"井"字中央为村内最核心的聚落公共空间。

村落中的次要街巷依赖道路主骨架，向东西衍生发展。村中同一姓氏家族围绕自家祠堂建房，一般不会单独散落于村落中，因此逐渐拓展成具有一定规模的家族建筑组团。赵家、薛家、蔺家等大型院落群位于街巷间，不同组团的界面直接构成了街巷的界面。而其他规模相对小的院落组团，如李家院落，以及独院便镶嵌于大的建筑组团与次级街巷之间（图2-10）。不同大小的院落不同程度地占据并利用有限的土地资源，使得其间的次要道路形式多样，空间多变。

第三，光村村落中，对于天上玉皇、佛界始祖至尊至敬奉之庙堂、寺院圣地——玉皇庙与福胜寺——构建于先祖所在的村西北方向。火神庙护村护民、关公庙神武佑护家财丰

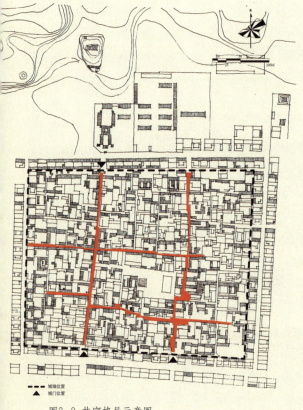

图2-9 井字格局示意图

图2-10 主要家族村中分布图

厚,这类与村民们现实生活最贴近的庙宇则设在村东南方向[1]。

第四,光村村落的空间格局内容不仅是村落本身,还包含其周遭的自然山水、建筑物等。传统村落中普遍盛行"八景"、"十景","光村八景"——福胜寺、会仙楼、半截塔、通灵石、北雄山、通天桥、子母池、碑顶柏——其实是反映光村村落文化的山水风景画(图2-11)。这八景不仅描述了与村民生活息息相关的自然环境,而且也反映了村落经历史沉淀下来的文化内涵。

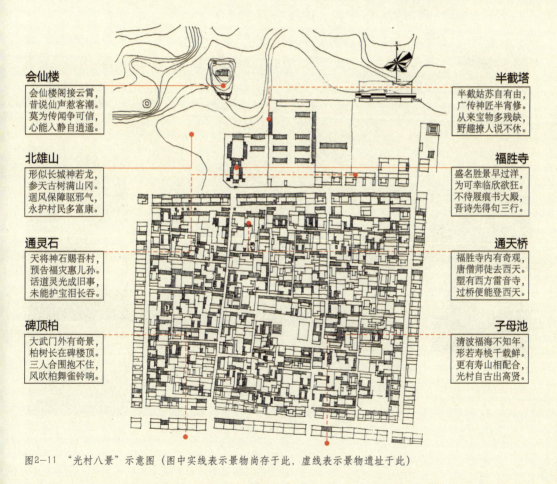

图2-11 "光村八景"示意图(图中实线表示景物尚存于此,虚线表示景物遗址于此)

---

1 详见本书第四章光村的公共建筑。

2. 城墙城门

如今的城墙和城门皆已拆毁，仅遗留下建造城墙城门的黄土和砖块（图2-12）。为了进一步了解城墙城门的情况，笔者对村中居民进行了采访，让他们描述他们记忆中的城墙和城门[1]。根据采访内容，整理出有关城墙和城门的几点信息。

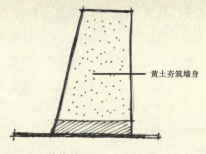

图2-13 城墙剖面图

（1）原城墙东西南北各长120丈[2]，由黄土夯筑而成（图2-13）。因我国"土改"期间，土地所有制变更，村民为实现最大化占用土地，将城墙和城门拆除，并在其原址上兴建房屋。导致如今由房屋界定出的村落范围比原来由城墙界定出的范围略大（图2-14）。

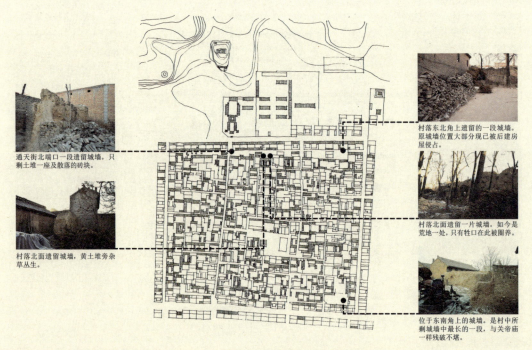

图2-12 现今城墙遗址分布图

---

1 有关城墙城门的采访内容，详见本书附录。
2 1丈约等于3.33米，120丈约等于400米。

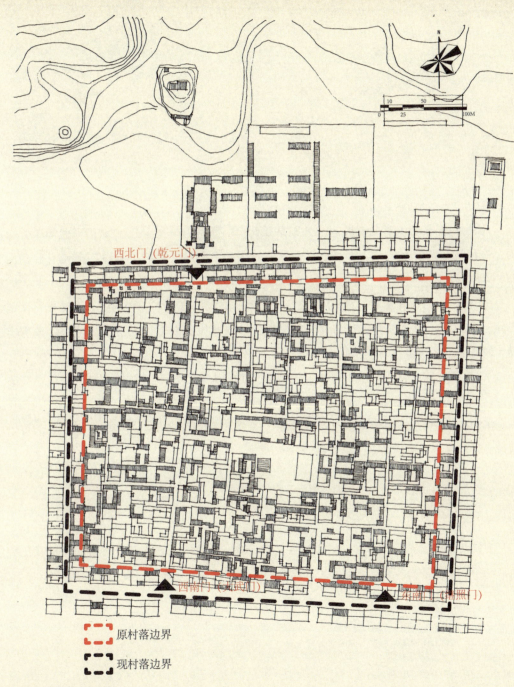

图2-14 今昔村落边界图

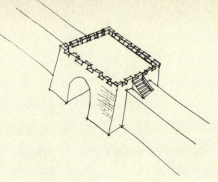 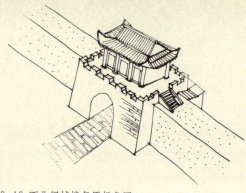

图2-15 西北门、西南门、东南门城门复原想象图　　图2-16 西北门城楼复原想象图

（2）村中最初仅有三座城门，分别是西北门、西南门与东南门[1]。城门形式简单，由黄土外包砖石砌筑而成。人们可通过设置在城内的台阶登上城门，且城门上设有砖砌垛口，可供城防所用（图2-15）。

（3）西北门设有瓮城[2]。其第二道门位于第一道城门以南40～50米处，设城楼，面阔三间，歇山顶，正面设有雕花门扇，装饰讲究。城楼设有台阶供人上下，城楼四周有走廊，供守卫巡逻眺望（图2-16）。

（4）沿城墙之外设一道用于防卫的城壕，宽10米左右[3]。城墙外除城壕外，还种有果树。后城壕及树木皆由于发展建设而填实、砍伐。

（5）原城墙东南角位置，有一魁星阁[4]。此阁与村落东南角的关帝庙连通，人们可以通过关帝庙中设置的台阶登上魁星阁。

3.空间肌理

中国传统哲学八卦体系中的"太极生两仪"之"两仪"乃阴与阳。传统的建筑以及村落空间中所表现的无和有、虚与实、外与内的关系和八卦"阴与阳"类似。

---

1 西北门称"乾元门"、西南门称"大武门"、东南门称"继照门"。
2 传乾元门之城楼乃村中赵家修建，但修建时间与细节不可考。
3 村民称此城壕宽约3或4丈。
4 魁星：北斗七星中成斗形的四颗星，即天枢、天璇、天玑、天权的总称。古人将魁星附会为神明，乃封建科举考试主中式之神。故建魁星阁并塑像以祭之，求得高中状元、一举夺魁。

从光村村落空间上来说，以街巷空间和公共空间为主的虚体空间可视为"阴"，而建筑实体空间为"阳"，两者相互渗透，相互联系。从图2-17中可以看出来，村中的建筑虚体与实体紧密交织在一起，且建筑实体空间多于虚体空间，这说明村落的建筑密度相对较大。街巷和公共空间尺度偏小，故村落整体格局紧凑，体现出光村空间围合性和私密性强烈的特点。

如果将原村落图底关系倒置，即将建筑视为虚，街巷与公共空间视为实，则可以看出村落中虚体空间被建筑实体边界明晰地界定了出来，同时各建筑实体被虚体空间连接，如此，虚与实、阴与阳共同构筑了整个村落，形成如今所看到的村落空间肌理。

4. 外部空间

村落外部空间给人们带来的感受主要是通过空间的形式美表达，光村村落中外部空间的形式美主要表现为对比与统一两个层面：

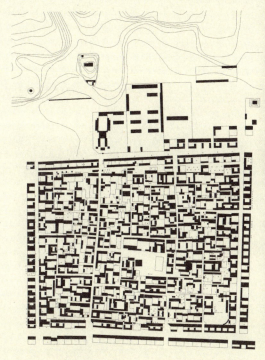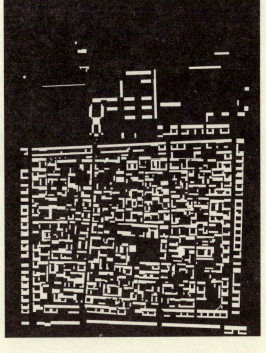

图2-17 村落图底关系图

（1）对比

村落外部空间在色彩、材料、质感、繁简以及空间感上存在着对比（图2-18）。首先，色彩上的对比并非一成不变的，而是随着当地天气的变化而改变。若是晴天，由于村中青砖建筑长年暴露在外，被覆盖了厚厚的黄土，显出历史沧桑感，土黄的建筑界面与青石铺地、黛色的屋面形成对比；但若是雨天，由于湿气侵入部分砖石中，使墙面变得色彩斑斓，青黄相间，墙面不再单调。同一块墙面，在不同的时节，彰显着不同的气质。

其次，在形成空间界面的材料及质感上，青砖墙面与木质门楼在材质上表现为一冷峻一温和。而木头门扇与铁质铺首及门环则表现为一柔和一坚毅，材质的变化表达空间界面不同的性格与表情，使得村落外部空间充满变化。

繁复的细部与简洁的界面形成对比。朴素的砖石墙面与精致的石雕、木雕等形成强烈的对比。村落中，墙体是最为常见的空间界面，用最为简洁的语言突显细部的精妙，使得村落外部空间粗中带细，简中有繁。

从空间感上说，各条街巷通过不同的高宽比、铺地形式、形态等互相对比，形成充满变化的外部空间。变化丰富的空间同时也让街巷更具有识别性。

对比类型	色彩	材料	质感	繁简
实地照片				
对比元素	墙面 地面	前面 门洞	门板 铺首	墙面 墙脊
说明	赵家巷被雨洗过的青石铺路与黄土附着的砖石墙面形成青色和土黄对比。	高墙的冷峻与近人的木质大门通过材料语言带给居住者不同的感受。	简单柔性的门板上镶嵌着坚毅冰冷的铁质铺首，质感对比使得细节更加突出。	肃穆的墙面之上装点着精致的墙脊，使得简中有繁，粗中有细。

图2-18 对比层面实例说明

(2) 统一

在人们能够感知的空间中，村落外部空间表现出和谐统一的整体美，空间界面上的几何化的图形以及它们模块化的组织变化，保证了村落外部空间在具有统一元素的基础上，通过构成元素的随机变化使得村落外部空间充满了变化（图2-19）。

5.街巷格局

(1) 概述

光村古村落如今保留历史街巷二十余条，道路格局以南北走向的两条主要道路为骨架，通过"鱼骨"形式衍生次要街巷。

中国传统聚落平面多以线和面来组织控制，线乃聚落中的道路系统，面则是建筑组团。线的演化类似于中国传统哲学之八卦，亦有云，"一生二，二生三，三生万物。又有所谓太极（2^0）生两仪（2^1），两仪生四相（2^2），四相生八卦（2^3），八卦而变六十四爻（2^6），从此周而复始变化无穷。"《易经》学

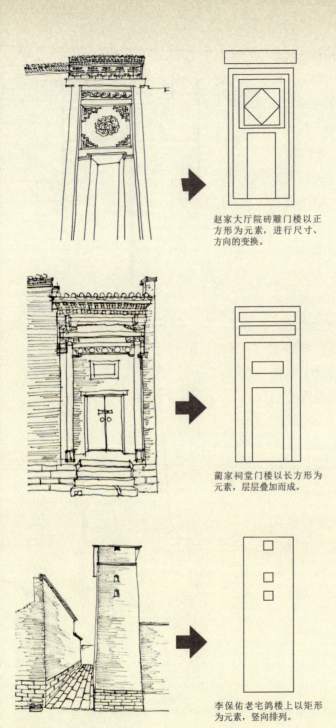

赵家大厅院砖雕门楼以正方形为元素，进行尺寸、方向的变换。

蔺家祠堂门楼以长方形为元素，层层叠加而成。

李保佑老宅鸽楼上以矩形为元素，竖向排列。

图2-19 统一层面实例图解

说明了宇宙中变化皆具有一定的规律性和数理性。若将八卦与现代混沌学中的分形结合，构造出简单的分形树（图2-20），便可以看出村落格局的演化。图中，线条为路，分形越到后等级越低，村中丁字路口的形成也一目了然。

以此分形树图解为依据，可以大致推测出光村街巷的生长过程（图2-21）：村落组团最初依靠通天街与中巷发展起来，后来由于各个家族祠堂的建立而逐渐形成一些次要街巷，如赵家巷、青元巷等；家族的不断壮大促使分支祠堂的出现，同时带动分支宅院和巷道的建立；不同家族在历史中的兴衰更迭对街巷的生长变化也有着一定的影响。光村村民"逐路而居"，在大的格局中根据小环境灵活组合各家院落，如此逐步形成今日所看到的街巷格局。

光村的街巷大体分为三个等级（图2-22）。第一级是作为村落街巷骨架的主要街巷，南北走向的通天街和中巷；第二级是联系建筑组团，多是东西走向的次要街巷，它们是村落中空间变化最为丰富、最具传统特色的街巷空间，比如赵家巷、薛家胡同、任家湾、李家巷、范家巷等；第三级是建筑与建筑之间小的巷道空间，空间狭小局促，人们无法长时间逗留于此。

图2-20 分形树图解（图中通过线型粗细表示街巷等级，即线型越粗，街巷等级越高，反之亦然。）

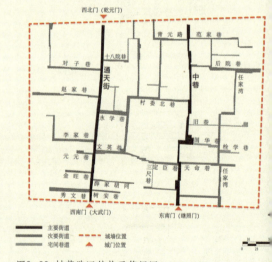

图2-22 村落路网结构及等级图

（2）街巷等级

①主要街巷

通天街和中巷是村内最主要的两条街巷，南北贯穿整个村子，其中通天街与村外道路联系，并连接南北两座城门。

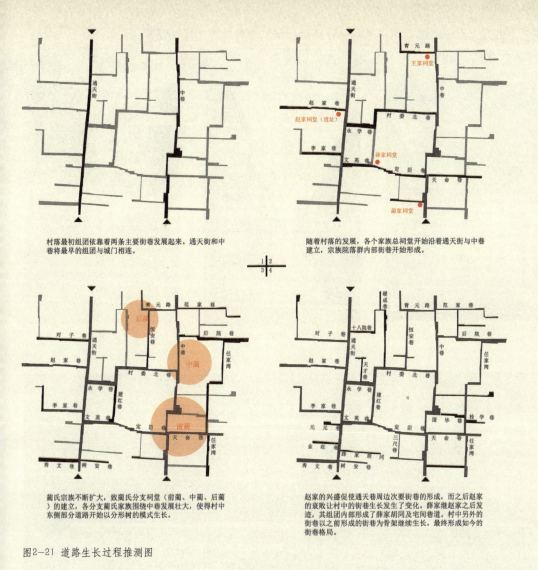

图2-21 道路生长过程推测图

通天街长约400米，宽约5米，是村落中最宽的一条街巷（图2-23、图2-24）。其北端是城门之首——乾元门，与大武门、继照门道路对景。街巷朝西南方向带有一定的曲度，曲线的街巷有很好的视线导向性和空间趣味性（图2-25）。道路两边主要分布着四大家族之赵氏家族以及薛氏家族的建筑。据赵家老人回忆，原通天街西面从南至北大部分皆是赵家院落，由此可见赵家当年的盛况。村内家族富庶，通过砌高自家院落外墙防盗，有些外墙高达

8米。通天街界面完整简洁，墙体高耸挺立，屋顶参差错落，低调而不失典雅（图2-26）。在通天街上，人们可掠览一些次要街巷，体会主次街巷空间的微妙变化（图2-27）。

图2-23 通天街街景1

图2-24 通天街街景2

图2-25 带有曲度的通天街有良好的视线导向性

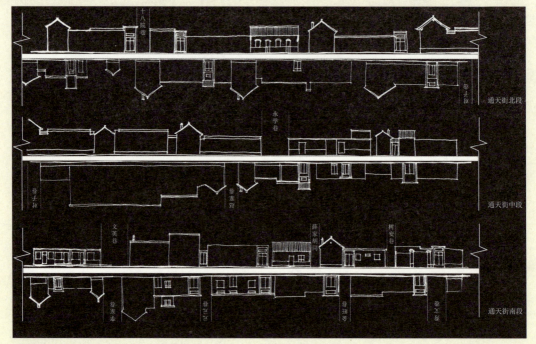

图2-26 通天街立面复原图

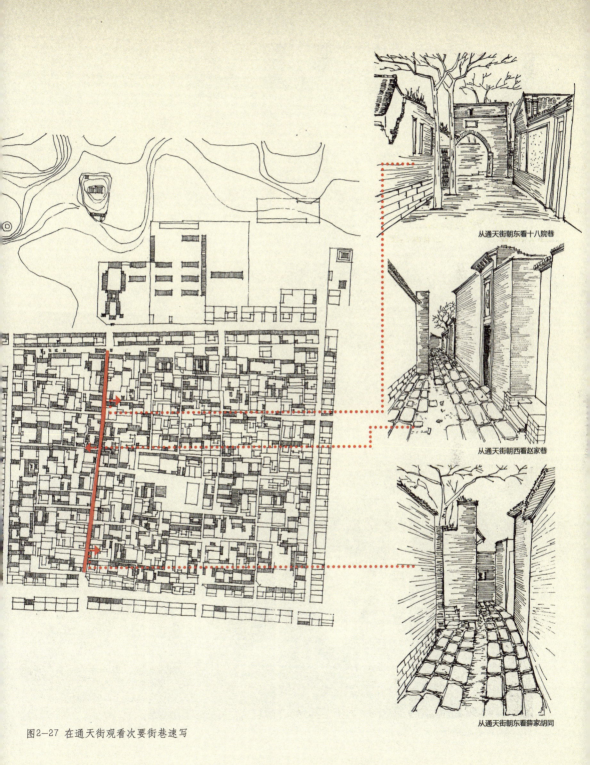

图2-27 在通天街观看次要街巷速写

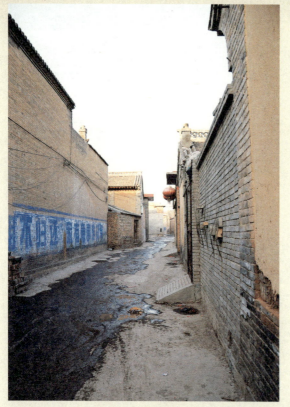

图2-28 中巷

中巷较通天街相对次要一些，长约400米，路宽平均4.5米（图2-28）。道路两边主要分布着蔺氏及范氏家族院落群，以及规模较小的院落。中巷较之通天街，街巷宽度变化多，最宽处达到5米，而最窄处只有2米。如此自然形成了丰富的道路节点空间，加上建筑高度、屋顶形式的变化，中巷的外部空间显得更加自由。

②次要街巷

次要街巷平均宽度在3米左右，多数与两条主街正交相连，其空间最富有趣味（图2-29）。村落中大院入口多开向次要街巷，街巷的尺度与铺地形式直接反映各个家族的地位。入口门楼以及照壁细部精巧，彰显大家风范。

图2-29 次要街巷

次要街巷内部空间变化多样，与其他道路的连接方式多种，形成多样的节点空间，使得村落内部线性空间与点状空间穿插出现。再者，村落中次要街巷尺度相对较小，巷道尺度忽宽忽窄，建筑墙面高低参差，形成极具变化的街巷围合感。街巷外部空间的变化给人们在感官和心理上的印象比立面上的变化深刻许多。光村村落中的建筑立面极为简单，但是街巷空间却能给人留下深刻的感受。收敛内向的次要街巷与开敞外向的主要街巷形成了强烈的空间对比，一宽一窄，一收一放，一抑一扬。于此，特选具有代表性的三条次要街巷——赵家巷、薛家胡同、后院巷——为例，说明其空间形态。

赵家巷东西走向，长约114米，平均宽度3.7米，最宽处4.6米，最窄处1.2米。高低不同的墙面、繁简不一的门楼、退进有别的界面共同构成了连接通天街与赵氏院落的半私密街巷，赵家巷围合感虽比通天街强，但不失庄严、大气，街巷空间也富有趣味（图2-30、图2-31）。

图2-30 赵家巷

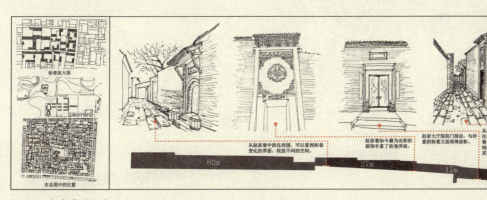

图2-31 赵家巷分段速写

薛家胡同东西走向，长约78米，平均宽度1.8米，最宽处2.8米，最窄处1.7米。薛家胡同保存相对完好，曾是薛家一族的半私密街巷。其高宽比较大，约3.8，围合感强烈。加上胡同中段街巷走势趋于笔直，对外人强烈的排斥性，更是加强了整条街巷的私密性（图2-32、图2-33）。

后院巷东西走向，长约112米，平均宽度4.5米，最宽处6米，最窄处2.5米。如今只有西段保留较好。后院巷界面变化丰富，通过墙面遮挡视线，无形中缩短了相对长而无趣的街巷空间（图2-34、图2-35）。

③宅间巷道

宅间巷道等级最低，尺度最小，是便于不同院落之间出入留出的缝隙（图2-36）。有些宅间巷道用于连

图2-32 薛家胡同

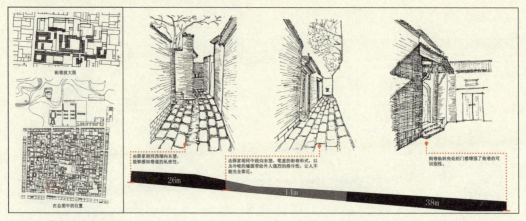

图2-33 薛家胡同分段速写

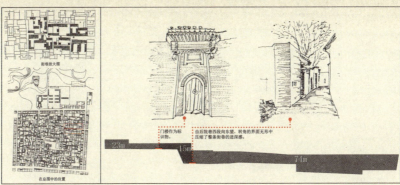

图2-34 后院巷　　图2-35 后院巷分段速写

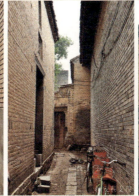

图2-36 宅间巷道

接次要街巷和位置偏远的宅院,如连接李保佑老宅前的巷道;还有些巷道用于连接院落小门,比如旧巷和栓学巷。宅间巷道因为空间尺度狭小,功能很单一,人们不会长时间驻足停留于此,主要用于人们日常的交通。

(3) 街巷空间

①街巷节点

光村古村落的道路相互交错,构成了整个村落的道路网络系统。村中的交叉路口以"丁"字形为主要形式,虽然存在"十"字形路口,但大部分会采取不同程度的错位,或扩大成风车状的小型公共活动空间(图2-37、图2-38)。形成这种特征的原因有三:一是如前文所述,村中道路生长过程由道教八卦中的数列形式"丁"字形逐级生长;二是从人

| 山 | 西 | 古 | 村 | 镇 | 系 | 列 | 丛 | 书 |

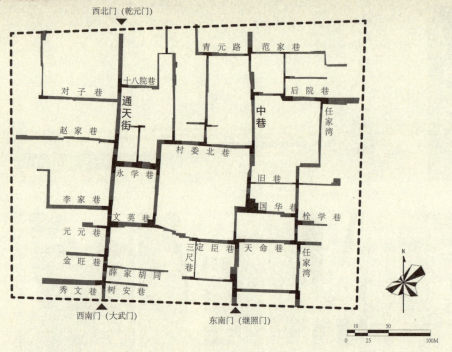

图2-37 街巷节点形式分析

名称	丁字形路口							十字形路口	
形态									
比例	81.1%							18.9%	

图2-38 街巷节点形式图示

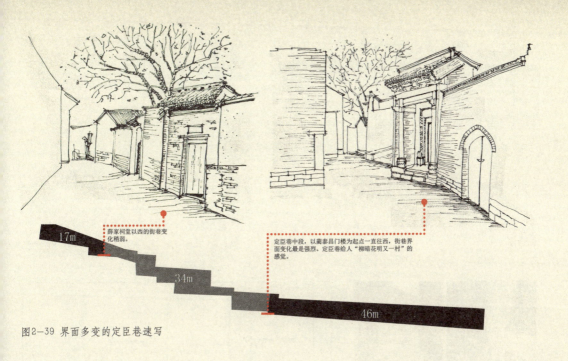

图2-39 界面多变的定臣巷速写

的心理层面分析,标准"十"字形路口给人一种过于直接的紧张感,这种形式从空间上没有给心理过渡,所以道路不同程度的曲折和错位可以创造具有心理过渡意味的节点空间,如定臣巷(图2-39),以此消除十字路口强烈的排斥感(图2-40);三是在风水学中,建筑周围出现"十"字形路口均被认为是"凶",所以一般街巷交叉口都会避免出现这种形式,正交的"十"字形路口通过错位,便形成了两个"丁"字形路口。

②街巷连通性

如图2-41所示,村落中大型建筑组团周遭的街巷连通性较好,少有尽端道路,方便同一宗族人互相联系。靠近城墙的地方,尽端路较多,主要用于连接靠近城墙的偏远宅院。

③街巷节点细节处理

古人在建设村落时非常注重细部,从光村古村落中街巷转角处墙角处理便可得到印证(图2-42)。转弯墙角在离地面高约2米处,或采用预制曲面墙角石块或砖砌成折面。由此,原本生硬的直角转角变得柔和,而且也增强了街巷空间的过渡性。此类转弯墙角加强了空间导向性,明晰了行人的视线,并保护行人的安全(图2-43)。

图2-40 不同街巷及路口给人不同的心理感受[1]　　图2-41 街巷节点分析图

图2-42 街巷转角细节照片

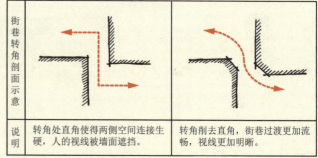

图2-43 转角细节剖面比较图

④街巷高宽比

街巷高宽比是评价街巷空间形态的重要指标之一，体现了街巷的围合感。光村古村落街巷的高宽比与私密性呈反比关系，高宽比越大，私密性及围合感越强。如图2-44所示，将光村街巷按私密性强弱划分为三类。

从图2-44中可以看出光村村落中街巷的高宽比跨度较大，因街巷给人的空间感受差异较大。对于高宽比较大的街巷，空间界面封闭，空间围合感强烈。这类空间中，人的行动和心理层面都会受到限制；对于熟悉门前巷道的村民来说，围合感强烈的巷道让人

---

[1] 段进、龚恺、陈晓东、张晓东著，世界文化遗产西递古村落空间解析，东南大学出版社，2006年，第143页。

街道私密性	街道名称	实景照片	街道宽度	街道高宽比	剖面示意图	说明
强	薛家胡同		1.8m	3.5		村中薛氏一族建筑组团中的家族巷道，巷子宽度较窄，两面建筑高大，围合感强烈，巷子尺度富有变化。
强	任家湾		2.0m	2.9	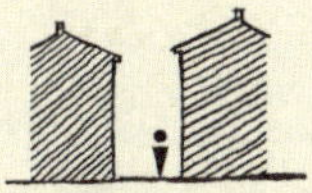	巷道较为曲折多变，两面建筑不高，但街道窄小，体现出了街道的私密性。街道旁的院落中有一些大树枝条长出围墙，使得整条巷子显得格外亲近自然。
强	李家巷		2.0m	5.5	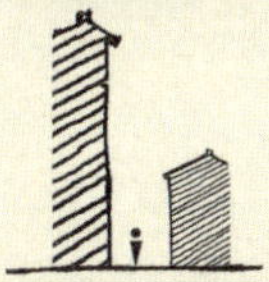	村中保存比较完好的一条街巷，边界与铺地完整，路边尚保留有鸽楼。鸽楼高大，使得巷子显得更为压抑，所以不适合人们长久驻留。
中	赵家巷		3.7m	2.1		光村中赵氏一族家族巷道，两边分布着赵家的大小院落，赵家院门朝街道设置。街道界面完整，墙面简洁，入口门楼彰显精致与大气。
中	范家巷		2.1m	2.3	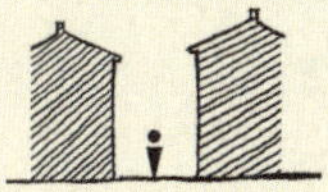	作为光村中范氏一族的家族街道，强调私密性，街道不宽，但是两边建筑没有赵、薛两家族的高大。
中	恒安巷		2.3m	2.5	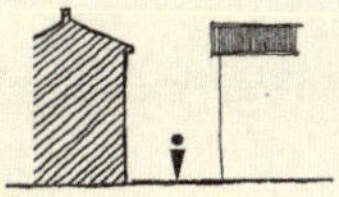	恒安巷的两侧多为一进院落，连接的宅间巷道更加窄小。体现出村中相对贫穷的村民的居住环境。
弱	文英巷		3.4m	1.1	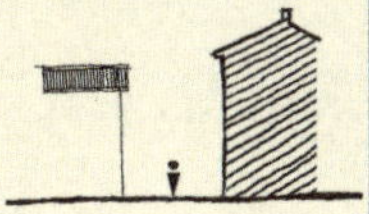	由于两边建筑组团形式多变，此巷道走势也变化多端。曲折的巷道给人们很好的引导并提供了很多可驻足停留的小空间。
弱	通天街		5.0m	1.2	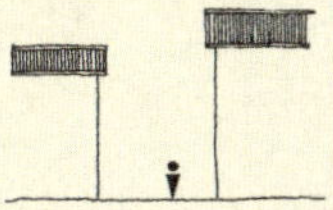	村中最主要的街道，行人最多，宽度最宽，高宽比小，体现出主街的地位。道路北口正对福胜寺。
弱	中巷		4.0m	1.6	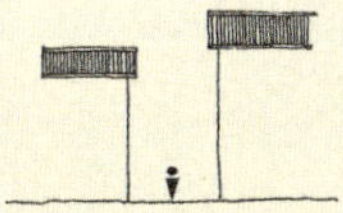	村中另一条主要街道，但没有通天街热闹。此街道周边住宅多是王家及蔺家院落。

图2-44 街巷高宽比分析

产生更多的熟悉感与安全感；而对于外来的陌生人来说，这种巷道会让人产生一定程度的紧张感。而对于高宽比相对小的街巷，一方面通过相对开敞的空间呈现等级更高的街巷，另一方面由于围合感较弱，人们在街巷中轻松自如地活动（图2-45）。

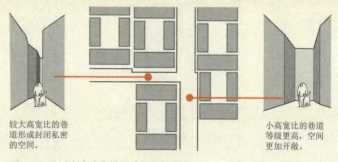

图2-45 不同高宽比街巷围合不同空间

⑤街巷铺装

街巷铺装是村落空间的底界面，底界面是与村民接触最为密切的一个界面，通过不同的铺装引导人流，从而组织人们的活动；同时也是形成空间过渡与分化的方式之一。

街巷铺装宜以坚固、耐磨的材料为佳，铺装材料的质感突显铺装的美观。光村的街巷铺装大部分采用中国传统青石板铺地。稳重大方的青灰色铺地与土黄色的民居建筑，共同描绘着村落由内而外自然典雅的外观。村中地面采用多种铺装手法，或是青石板横纵排列，或是青石板与其他石材混合铺装，铺装纹样与拼缝方式也不尽相同。多种街巷铺装通过各自的独特性限定了不同的街巷底界面（图2-46）。

⑥垂直空间

光村古村落中，存在着一类特殊建筑，它既可起到通常的围合作用，又可作为空间标识物——鸽楼。村中原来有鸽楼22座，分别在不同时期被毁坏，如今仅留存两座[1]（图2-47）。现存鸽楼都为3层，高约14米左右。

村中修建鸽楼的目的一是为方便村民守护自家宅院，二是为体现家族的兴旺和财富。在村落外部空间中，由于它高于院落建筑，在街巷中最容易吸引行人的视线，所以它起到了"标识物"的作用，人们可以通过村落中高耸的鸽楼判断自己所处的位置（图2-48）。

---

[1] 分别存于今阁兴堂与李保佑老宅中。

街道名称	实景照片	示意图	说明
赵家巷		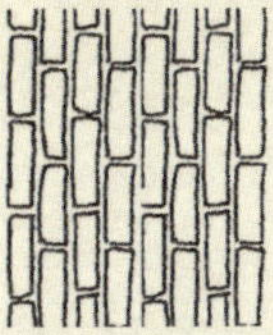	路面较宽，大块青石板铺地，街道沉稳大气。
薛家胡同		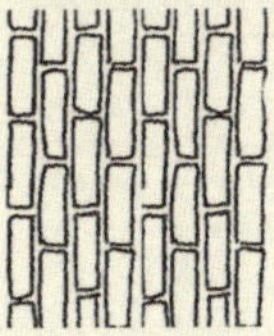	路面青石保护良好，路面较赵家窄。纵向铺装的石板有很好的引导作用。
李家巷		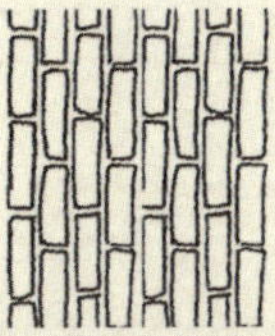	李家巷支巷，不仅道路铺装保存良好，两边建筑也界面完整，是一条极具古朴色彩的小巷道。
恒安巷		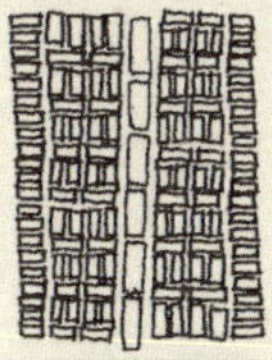	宅间巷道，中间一条青石板引导视线，两旁用砖石有规律的铺装。
旧巷		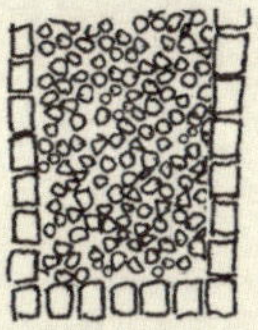	宅间巷道，青石绕街道边缘铺装，中间部分用卵石填充。
任家湾			材料同样是青石，但采用横向铺装方式。使得路面显得稍宽。
任家湾		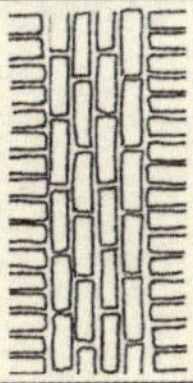	采用青石横向和纵向混合的形式铺装，纵向青石引导人们行进，横向青石将两侧建筑与街道边界明确限定出来。

图2-46 街巷铺装种类举例

山|西|古|村|镇|系|列|丛|书

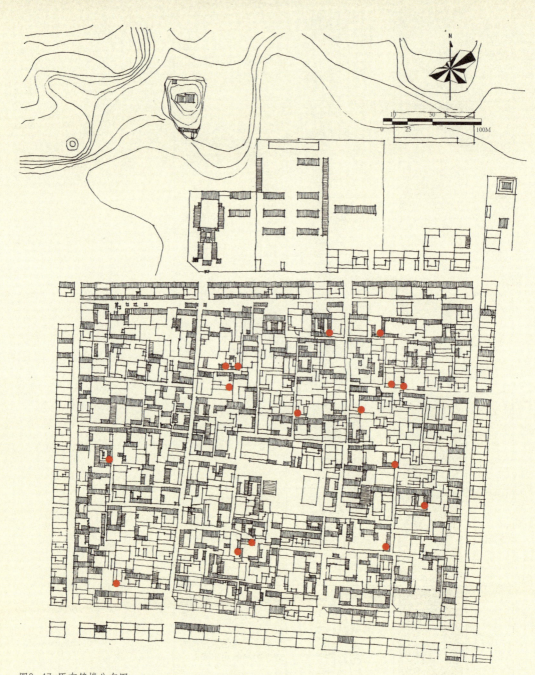

图2-47 原有鸽楼分布图

除鸽楼外，层层跌落的马头墙也丰富了村落的外轮廓线。大面积交错的双坡和单坡屋顶构成了村落的基本底图，而偶尔跳跃出来的充满秩序和韵律的几段马头墙将底图打破，形成了元素多样的外轮廓线。再加上形态自然不拘一格的树木，打破了纯粹的人工构筑形态，形成了一幅和谐的村落景象（图2-49）。

6.建筑组团

光村的建筑组团受到中国封建社会礼法制度的影响。村落中各大家族院落一般围绕自家祠堂而建。《黄帝宅经》中有云："夫宅者，乃阴阳之枢纽，人伦之轨模。"光村祠堂建筑

图2-48 道路另一头鸽楼速写

形制多是严格的三合院，民居院落形制以三合院与四合院为主，无论祠堂还是民居皆是方正规矩，中轴对称，体现着儒家所推崇的"中庸"一说。家族院落环绕祠堂形成组团（图2-50），若家族派生分支，则各分支又设有分祠堂，各支的院落在分祠堂周边形成

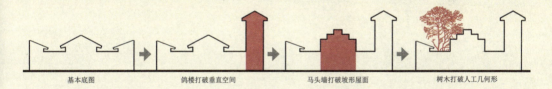

图2-49 垂直空间变化过程

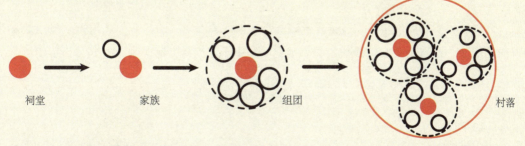

图2-50 建筑组团形成过程图示

| 山 | 西 | 古 | 村 | 镇 | 系 | 列 | 丛 | 书 |

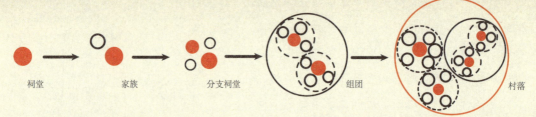

图2-51 带有分支祠堂建筑组团形成过程图示

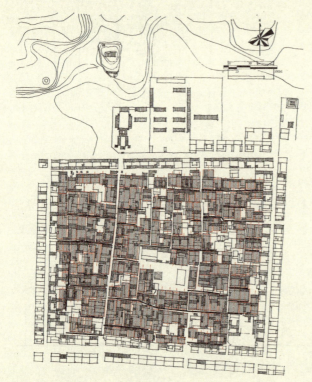

图2-52 街巷与院落轴线关系图

组团（图2-51），各分支院落既有一定的联系，又保持了各自的独立性。

光村村落由若干建筑组团构成，而建筑组团由若干四合院组成，整个村落以四合院为单元，以纵横的轴线为扩展方式复制。元素虽然单一，但组团并不刻板。村落空间随着时间动态生长而来，到如今形成了具有节奏韵律的村落模式。

光村村落中以四合院为基础的建筑组团的空间形成过程大致归纳为：依道生，先递进，后并列。

（1）依道生

院落单体是建筑组团的基本元素，光村村落中的院落单体轴线垂直于东西走向的次要街巷（图2-52），院落入口也通常开向此街巷。这些街巷看似是村中的公共空间，由于家族势力逐渐强大，公共街巷便成了家族街巷。

（2）先递进

光村中的院落有单进院、二进院以及三进院，院落的组合采用的是在中国民居中最常见

图2-53 院落组团生成过程图

的中轴递进式（图2-53）。院落中轴序列上，通过各院进深、高度、间数以及装饰等区分院落主次。

（3）后并列

四合院经过中轴递进之后，建筑组团的单元不再单一，而后再通过并列的平行关系形成了形式更加丰富的组团。

院落通过纵横的轴线组织，纵轴线与门前道路垂直，几进庭院随着道路走势有序排列（图2-53）。院落相互并列，体现了平行关系，在院落进深各有不同，整个建筑组团中的主次关系通过进深差异显现。

光村中各大家族的建筑组团一般都经由上述三个过程形成。这样

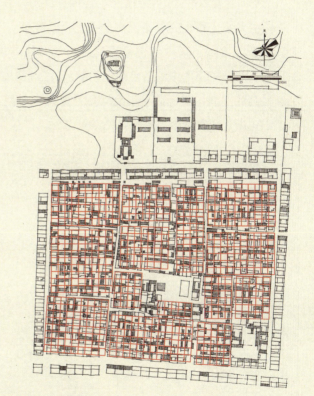

图2-54 村落格网图

建筑组团可以根据不同的道路界面、其他组团院落的既有界面而灵活变动，故在村落中得到广泛运用，最终形成了如今村落格网形式（图2-54）。但是村中还有一些相对较小的家族组团形式较为简单，仅仅进行院落单元的递进或并列变化，常常表现为线性的组团形式，适用于相对狭窄细长的空间。

7. 公共空间

除民居建筑之外,村落外部公共空间与人们日常生活息息相关,公共空间有利于村民开展自发性的社会活动。结合光村公共空间的特点与状况,可将村落中的公共空间分为点与线两种类型。

(1) 点空间

点空间主要以村落中的街巷节点空间和组团内的公共空间为主。

村中大部分点式公共空间属于街巷节点空间。这类公共空间广泛存在于村内街巷的交叉路口,这些路口一般进行程度不同的交错或放大,从而形成柔和的过渡空间(图2-55)。位于院落群中的节点空间一般尺度上相对较小,亲近宜人,周边建筑界面围合出聚合性强的空间,附近的居民比较愿意在此长时间逗留,故这类积极的点空间能够形成杨·盖尔[1]所说的良性效应——"活动刺激活动产生"。

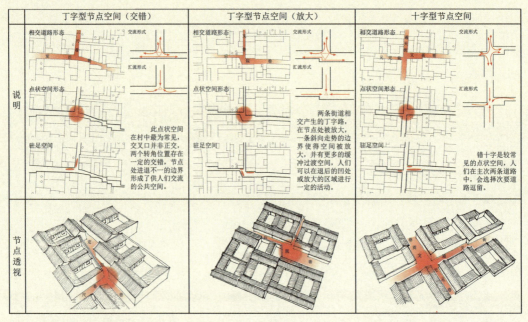

图2-55 街巷节点空间分析

---

1 扬·盖尔(Jan Gehl),丹麦著名建筑师,著有《交往与空间》、《新城市空间》等。

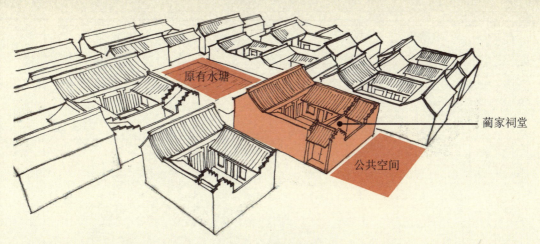

图2-56 蔺家祠堂周边的点状公共空间

图2-57 蔺家祠堂前公共空间现状

第二种点状公共空间存在于建筑组团当中。建筑组团围绕各家祠堂而建。有些祠堂周围留有空地，便于族人聚集举办祭祀活动。蔺家祠堂南面原有一空地，东面有一小型方形水塘，四周被建筑围合，所以形成了组团内部的点状公共空间（图2-56、图2-57）。这类空间位于家族组团当中，所以领域性强，族人在此活动相对方便；而对外姓或甚至是外村的人来说，排斥性强。但是这类空间在光村中并不普遍，除了蔺家祠堂周边有公共空间之外，其他家族的祠堂与普通居住院落一样镶嵌在街巷旁，周遭并没有相对开敞的公共空间。

第三种点状空间存在于村落附近的公共建筑中。根据对村民的采访，得知原来村落中有8座舞台，舞台就是为村民提供观演活动的场所，故在特定的时间内，村民在舞台周围聚集，形成村落公共活动点状空间。

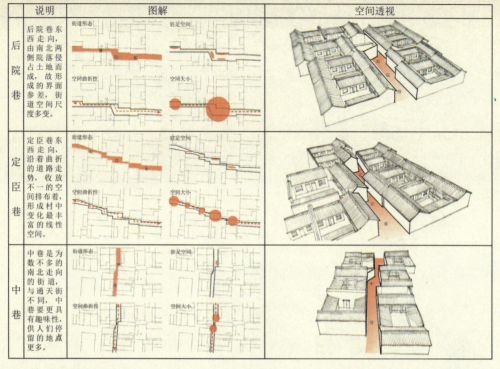

图2-58 典型线性空间分析

(2) 线空间

村落中的线性公共空间主要指街巷，这些线性空间为村民提供了停留的场所。杨盖尔在《交往与空间》一书对逗留区域有这么一段描述"对居民来说，建筑物的凹处、后退的入口、门廊、回廊以及前院的树木都起着同样的作用，既可以提供防护，又有良好的视野。"这说明，在聚落的公共空间中，可供人们驻足的空间不一定很大，但首先应该具有边界，以提供保护，其次它可为人们提供开阔的视野。光村中大部分的街巷界面收分不一、边界凹凸变化，人们可以很好掌控发生在此空间中的事物。这些不规则变化的街巷为村民提供了相当多的驻足停留空间（图2-58）。

光村中的线空间最为广泛，最为随机的社会性活动都会在街巷中产生（图2-59），比如熟人在路上打个照面，孩子在街巷中追逐嬉戏等。一些村民在天气好时，靠着建筑外墙而坐，一是因为街巷边界给人以安全感；二是门口街巷比稍大些的公共活动空间离居所更近，便于人们进出（图2-60）。

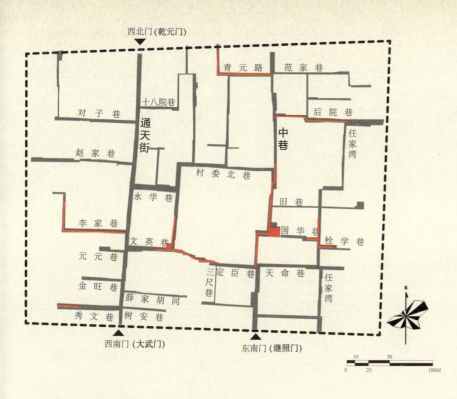

图2-59 村民主要聚集空间

图2-60 靠着街巷界面休息的老人

光村村落公共空间体系中，形式多样的点空间与线空间不仅为村民提供了生活、交流的场所，同时也为他们提供了定位机制。点空间为村中主要定位节点，线空间为次要定位节点。而最为精确的定位节点以构筑物形式居多，如院落入口、铺地方式、街道细部等（图2-61）。

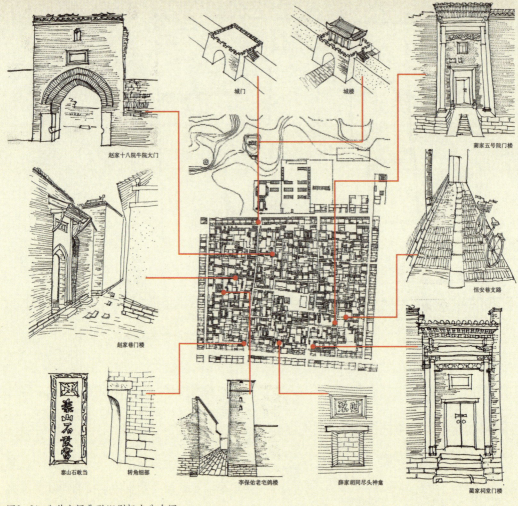

图2-61 公共空间典型识别标志分布图

【第三章】

光村古村落 居住建筑

JUZHU JIANZHU

山 | 西 | 古 | 村 | 镇 | 系 | 列 | 丛 | 书

一、居住建筑概述

光村中现存传统民居绝大部分建于清代，只有南楼院与四穿院门楼修建于明代。它们零星散布在整个村落范围内，共24处文物保护建筑遗存（图3-1）。现存传统民居虽多呈一进院落，但明清时期应是以多进多跨的家族大院居多。传统民居与宅院的主人及负责设计建造的匠人密不可分。光村院落（尤以大院为首）形制规整、轴线分明，最体现出规划先行的建造思路。其中赵、薛、蔺三大家族的富庶以及对文化传承的重视直接体现在比比皆是的建筑装饰、匾额家训以及院落极强的防御性上。

1. 居住建筑分布及年代

光村传统民居盛于明清（图3-2）。四大家族的兴盛时期各有不同。明代以蔺家最为繁

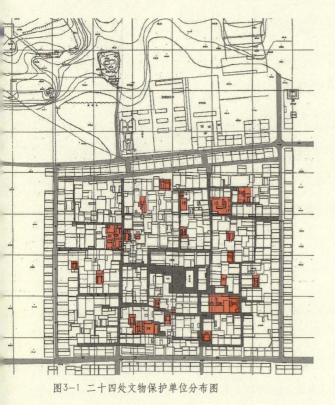

图3-1 二十四处文物保护单位分布图

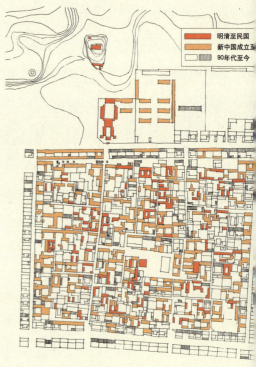

图3-2 建筑年代分布图

盛，光村现存两处明代民居即蔺氏宅院。清乾隆年间赵家最盛，再到嘉庆初年赵家衰薛家起，而咸丰年间王家开始兴盛。在此期间，虽不同家族各有兴衰，也有宅院易主的现象存在，但光村传统民居一直处在发展当中。直至20世纪五六十年代土地改革，家族大院被重新分配，房屋易主或由大队拆卖。居他人之室自不会珍惜，很多人由于生活贫困便将建筑上的木构件拆下用作生火的木柴。传统民居由此遭到严重破坏（图3-3）。24处留存下来的传统院落并不完整，多只剩厢房。本书中挑选了9处具有代表性或保存相对完整的院落进行重点介绍（图3-4、表3-1）。

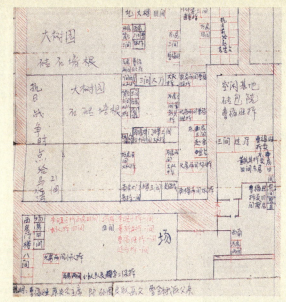

图3-3 赵家十八院拆毁过程记录

主要院落列表　　　　　　　　　　　　　　表3-1

院落名称	建筑形制	建筑结构	院落规模	屋顶形式	代表人物	区位
赵家十八院	偏正套院	抬梁式	三进	硬山	赵雁	十八院巷北侧
赵大厅院	四大四小	抬梁式	一进	硬山	赵德保	赵家巷北侧
薛家新院	四大四小	抬梁式	二进	硬山	薛登第	薛家胡同北侧西头第一家
南当铺院	簸箕院	抬梁式	二进	硬山	薛志楪	秀文巷北侧东头第一家
南楼院	状元插花	抬梁式	二进	硬山	蔺好好	天命巷与任家湾交叉口西北第一家
005号院	状元插花	抬梁式	二进	硬山		中巷与天命巷交叉口东北第二家
阁兴堂	状元插花	抬梁式	一进	硬山	蔺世堂	青元巷西端第一家
四串院	四大四小	抬梁式	一进	硬山	蔺泰昌	定臣巷西往东第三家
李保佑院	状元插花	抬梁式	一进	硬山	李保佑	李家巷北头

山|西|古|村|镇|系|列|丛|书

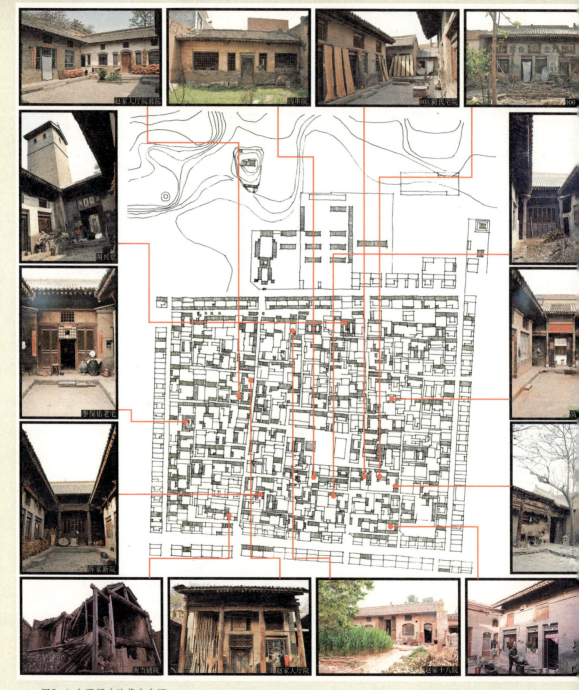

图3-4 主要历史院落分布图

蔺、赵、薛三大家族的宅院围绕各自的祠堂而建。蔺氏、赵氏祠堂均不止一处，即可看出这两大姓氏已分出了一些分支家族，均能体现在传统民居的空间分布。蔺氏宅院占地面积最大，在村中心偏东南的区域分布着中蔺和前蔺，北部靠城墙的区域有后蔺。村西部则为赵老大、老二、老三院及赵家十八院。薛氏院落较为集中分布在村西南部。王家虽也曾兴盛一时，但留存下来的建筑只王家祠堂一座，更多的信息无从得知。

大家族喜欢跨巷修建院落。如赵家巷、薛家巷几乎成了宅院内的组成部分。这种布局有三点好处。一为防盗，薛家巷到了夜晚便完全封闭，成了院外的一重保护层。白天时它对外敞开，体现其公共属性。二用以划分主辅空间。巷北为主要院落，巷南则多为花园、牛院，将居住空间与养殖牲畜的空间分隔开来。赵大货院中更是将厕所都布置在巷南，来保证主要院落良好的居住条件。最后，大家族会以占有街巷来显示自己的地位与财富。

民居跨巷而建，宅主采用多种手法，强化街巷的私有化。一种方法是在巷口加设构筑物，如薛家巷口立有旗杆，还有"节孝坊"的牌楼[1]。第二种则是在街巷南侧设门楼，对应的北墙设照壁，如此一来给街巷打上了家族的标记。

此外，光村中一些小家族如李氏、范氏、高氏等也有少量传统建筑遗存，可能因其宅院较小才逃过土改一劫。其中李保佑宅院位于村西部，除阁楼有些损毁，柴房、厨房的木构架部分被拆毁，其余几乎完好的保留下来。这在光村并不常见。

2. 院落构成

光村中传统院落由正房、东西厢房、倒座、耳房、阁楼等建筑组成，多坐北朝南。自明至清，院落空间愈加高耸，并且出现了组合方式多样的家族大院。

（1）院落基本平面形式

光村中传统院落基本形式有箕式、四大四小式与状元插花式（图3-5）。四合院是光村民居中数量最多的形式。由于选址不同、建造的年代与规模不同，光村中还有多种基本平面形式衍生出的变体。

---

[1] 现已拆毁，参考资料《新绛光村历史文化名村保护规划（说明书·图纸·基础资料汇编）》，同济大学国家历史文化名城研究中心、上海同济城市规划设计研究院，2009年12月。

①簸箕式

传统三合院的形式,无倒座,由正房以及东西厢房围合而成。由于与民间所用簸箕形似,故称为簸箕院。其中正房、厢房皆面宽三间,高两层。入口大门常设置在院落的东南角。这种院落在采光上具有优势,且对于不太富裕的家庭来说是一种很经济的形式。薛氏南当铺院即属于这种形式。

②四大四小式

这类院落四个方位上都有建筑,分别是北面的正房、南面的倒座以及东西厢房,这四座建筑构成了"四大四小"的"四大",也是整个院落空间的基本建筑骨架。厢房与正房、倒座间常留有四个耳房,称为"四小"。它与常见的"四大八小"式院落的不同之处在于,院落正房倒座两侧无耳房,正房三间的宽度即为整座院落总宽度。这使得正房两次间的大部分立面处在厢房的阴影里面,通常只有明间能够清晰地展现出来。在光村现存传统建筑中并无完整的四大四小模式,而属它的变形。四小的位置没有建筑,用作连接两个院落的通道。

③状元插花式

有的四大八小院落呈状元插花式。这种院落形制以状元插花帽为喻,基本院落单元是簸箕院或者四大四小式院落,但是某一间耳房高度远远超过正房,形成十几米高的鸽楼。整个院落的布局如同是状元帽旁的花帽。在光村现存的民居中,此类院落仅遗留两处,分别是蔺家阁兴堂以及李保佑老宅。状元插花式院落,具有防御功能。这些高起的鸽楼主要用于方便人们登高瞭望,储物藏人。

④偏正套院

这种院落的平面布局较为复杂,纵向上多是二进四合院,即通过门楼进入前院,前院可会客,私密性较低。过厅是私密性增加的空间节点。后院则是家中最为私密的场所,正房常常是二层楼,住着家中的姑娘。横向上多是2~5跨二进院并列排布,构成大型的家族院落组团。横向并列的院落又多有主从关系。主院多用作居住,而偏院则多用作书房院、厨房院或者杂院。通过纵向和横向的组合院落空间非常丰富。有的家族会设两道门楼,即形成三进院落,如赵家十八院(图3-5)。

(2)入口空间

根据中国传统风水理论,光村中主要院落的入口多朝南向,并位于整个院落的正南

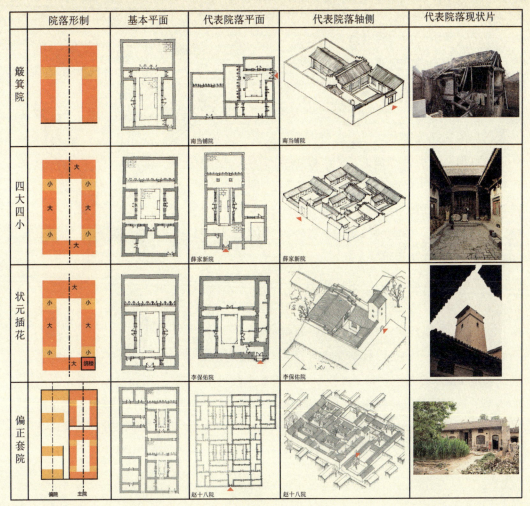

图3-5 院落形制图

或东南角。光村中住宅院落的外立面简洁，没有过多的修饰，而入口空间是公共空间与私人空间的重要过渡，故院落大门处常做足功夫，有高大的门楼、华丽的石雕、精致的木雕，不仅给自家院门增色，而且也使得原本单调的街道空间多了可供观赏的细节（图3-6）。

光村中院落的入口空间可分为以下两类：

①门楼下入口空间

光村村落中大户人家的院落入口多为高大的门楼，由砖石砌筑或是木材构建而成，砖石质门匾上有石雕院名，门楼高两层，下设入口（图3-7）。一般大家族院落为体现主人地位，多在入口处抬高几级台阶，不仅院落入口显得更加大气稳重，而且也提供了一个缓冲空间。门楼一般仅仅是大院最为外向的入口空间，通过第一道门楼之后，可能还有一或两道内部门楼才能进入正院。精美的门楼下常立有一对石兽或石鼓，可护佑主人平安。

②鸽楼下入口空间

光村中原有22处阁楼，从现存实物可看到两种处理入口的方式一种为在紧邻阁楼的倒座设置入口，另一种为阁楼下部设入口。李保佑院以阁楼下部设入口，通过石砌尖券十字拱技术实现承重推测明清时期这种做法不在少数（图3-7）。入口空间不大，还设有通向鸽楼的豁口，所以鸽楼下的空间更显得幽暗狭小，进入鸽楼后拐一道弯便是正院（图3-8）。正院庭院相对宽敞明亮的空间与灰暗的入口空间形成了一扬一抑的趣味对比（图3-9~图3-11）。

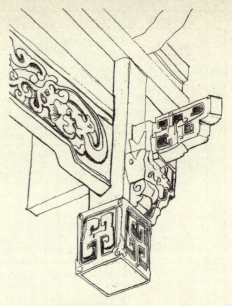

图3-6 门楼下的花板与垂柱

(3) 庭院空间

光村院落中根据院落形制大致会出现两种空间：T字形和工字形。居住庭院依照最传统的布局形制，形成严整的中轴线对称空间，多数院落正房及厢房均设有两层，而正房最高，其门窗做工在庭院内部最精良，木雕装饰最繁复。东西厢房形式一致，装饰相对简洁，进一步加强了整个院落的轴线感。

庭院空间中，常常形成东西厢房两檐对峙的情况，由于厢房对正房以及倒座的遮挡，使得整个院落空间相对狭长，院落长宽比大概在2:1到3:1之间（图3-12）。

光村当地部分小院落容纳人口并不多，故多为单进四合院的布局形式，其大门是合院的门面，装饰精美，也是四合院整体空间变化的前奏。进入大门之后，会有一较小的

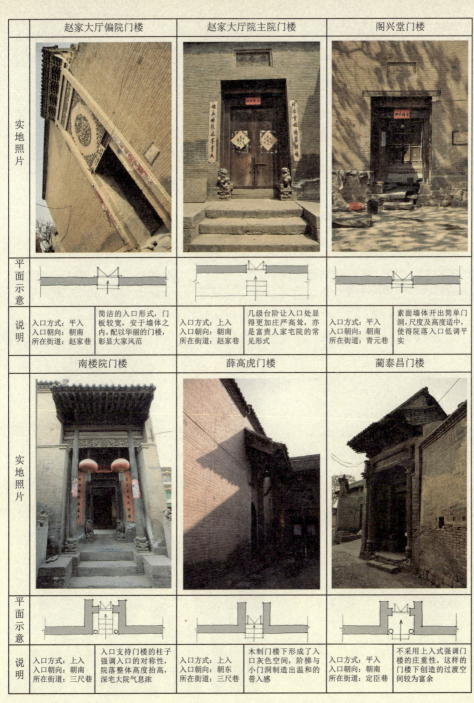

图3-7 门楼入口形式图

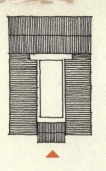 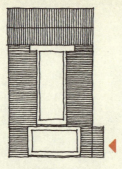  

门楼入口a　　　门楼入口b　　　门楼入口c　　　门楼入口d

光村中门楼入口与院落关系主要以以上四种形式为主，其中入口多安排在院落的东南角上，如图中传统门楼b、c、d的开口方向根据所处街巷而定。传统门楼a并不常见，由于风水原因，常在院内入口正对面设置照壁。

图3-8 传统门楼入口与院落关系图

图3-9 李保佑老宅鸽楼入口空间

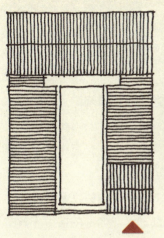
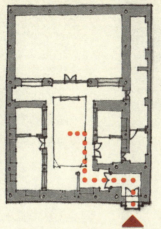

图3-10 鸽楼下入口空间平面　　　　　　　　　图3-11 鸽楼下尖券十字拱结构示意图

天井，作为通向内院的过渡空间，砖墙高耸，通道中光线幽暗晦涩，大门正对的墙壁上多用简单装饰影壁稍稍缓解人们在空间的压迫感。当人们通过了狭小幽暗的过渡空间，便可进入狭长且明亮的庭院空间，给人豁然开朗之感（图3-13）。

（4）房屋立面

光村中房屋的外立面都非常朴实简单，均为砖砌，但院落群中某些

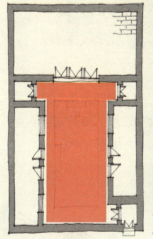
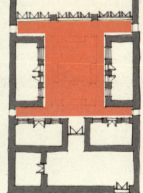

图3-12 院落空间形制[1]

院落为满足防火需要，在院落外用防火墙将院落包围。防火墙位于建筑的左右山面，高出屋面，并沿屋顶坡度迭落呈阶梯形。各个院落中隔火墙高低错落，有两叠式、三叠式，甚至有

---

[1] 左图为T字形空间形制，右图为工字形空间形制。

五叠式，加上传统民居的硬山屋顶，使得院落外立面参差错落，富有动感（图3-14）。

建筑外立面在家族巷道中表现得最为有个性和张力，砖石墙面高耸，墙身上几乎没有任何多余的装饰。通过精细的入口门楼来打破墙面的素雅，或是通过投射在墙面上变换的光影打破墙体的沉寂，一简一繁，一静一动，丰富了院落的立面（图3-15）。

庭院内部各个单体建筑的立面与外部立面相比显得更加细腻，它们是院落主人财富的象征，虽然大部分房屋都采用面阔三间的立面形式，但在有限的空间内，建造者精心营造立面细部。一般正房采用两层通高，硬山屋顶，明间多采用六扇格扇，次间或采用格扇或窗扇。有一些院落正房外设有柱廊一道，创造出了庭院内的灰空间，使正房立面

图3-13 典型四合院院内空间

更加庄重得体。正房的门窗与装饰最是精细繁复，门窗多镂空，而花板、门帘雕刻更是复杂，就连柱墩上都是精美的石雕。院落建造者充分利用高度、丰富的空间变化以及细致的装饰体现正房在院落中的至高地位（图3-16）。

图3-14 三叠马头墙

图3-15 投射在素墙面上的光影

厢房的立面处理相对简洁。厢房通常乃单坡屋顶，门窗与花板装饰较为简单朴实。有些院落的厢房有前廊，进深小于正房前廊，柱础则多采用素面石墩，故整体上立面比正房简单。另外，一些院落的厢房不采用檐廊，以此突出正房地位（图3-17、图3-18）。

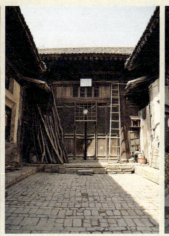

图3-16 民居正房立面组图

图3-17 带有檐廊的厢房

图3-18 一般厢房形式

3. 营造技术

（1）木构结构

光村民居院落中正房的结构都采用抬梁式构架，其做法是沿房屋进深方向，随屋面坡度架梁，梁随着整个屋顶高度升高而依次缩短，最上层梁中间立有短柱两侧有三角支撑，如此构成三角屋架。但值得注意的是，当地屋架抬梁式结构的檩木较短，故房间开间不大，以增强房屋整体的稳定性，提高其抗震性能。硬山顶屋架间，檩条架于各层梁的两端，以及最上层梁中间的小柱之上，檩条上在架上椽子，便构成了两坡屋顶的空间骨架结构（图3-19～图3-21）。

图3-19 屋顶做法

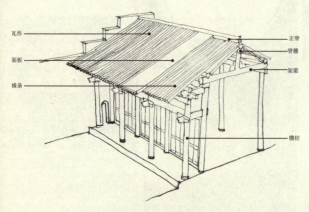

图3-20 薛家新院正房抬梁式做法结构图示

（2）砖墙砌筑方式

我国于明代开始大量生产砖石，山西地区砖石已经用于民居。光村居住建筑多采用木结构承重，砖砌墙体不承重，只起围护和保温作用。作为外围护的墙体通常采用砖石严丝合缝的砌筑的空斗墙形式，即在两面砖墙中间采用具有一定的粘合能力的泥土或者土砖填实，如此能够节省材料成本。厚重的墙面具有良好的保温蓄热功能，为居住者创造出适宜的室内热环境。光村当地使用的条砖已模数化，厚度为60mm，长、宽、厚比为5:2:1，砖缝多采用多顺一丁式等（图3-22～图3-25）。

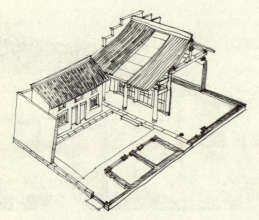

图3-21 薛家新院承重结构图示

(3) 防潮、排水技术

民居建筑主要采用易于加工的木头作为结构材料，但木材容易腐烂，所以在光村民居中都采用了一定的防潮防腐措施，例如硬山房屋的山墙延长至檐柱以外，防止雨水侵入木结构。此外，房屋檐部出挑较大，有效地保护了门窗等木质建筑构件。防止檐柱的腐烂主要采用桐油灌注、药剂浸泡等措施。为提高窗子的防水性，通常也会采用刷桐油的方式。

院落内部的排水，雨水应"肥水不流外人田"之说由屋檐流入院内，院内地表有微弱的坡度，使得雨水以院落对角线的方向排至院落入口之外（图3-26）。

图3-22 外墙砖砌严丝合缝

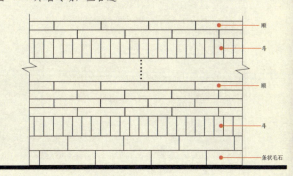

图3-23 多顺一丁式外墙排缝图示

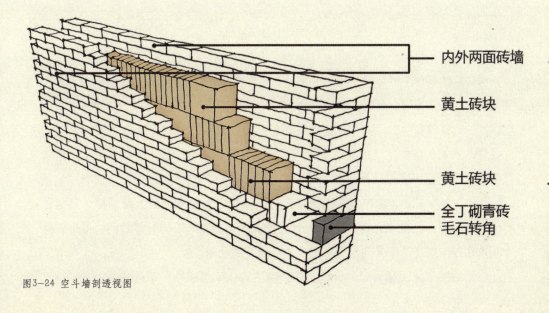

图3-24 空斗墙剖透视图

山｜西｜古｜村｜镇｜系｜列｜丛｜书

图3-25 残破的空斗墙

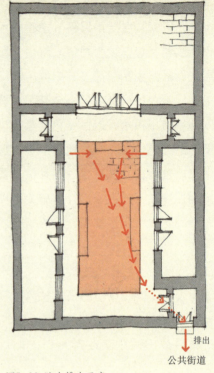

图3-26 院内排水示意

4. 建筑防御性

  光村建筑防御性主要体现在四个方面。一为宅院外立面极为封闭，院落空间高耸；二为大院内院院相通，非居住院落的附属小院的设置使得院内流线非常复杂。二为阁楼林立，遍布全村；三则铁丝院的出现。其中后两项是由文献资料得知，如今已不能亲眼证实。

  阁楼是晋南民居中常见的建筑类型。村中居民又将阁楼称为"护家楼"，如遇贼寇入侵，全家人即可登高瞭望院外敌情，或敲击锣鼓，使四周邻居加以警觉。光村中阁楼均为3层高，约十几米，且必建在本宅中吉星方位。阁楼内台阶直接登上最顶层，每层之间都有可封闭的升降口。危难之时，全家人登上最高层，再将向下的开口封闭，以保性命。另外，阁楼顶层向院外两个方向都有开窗，取得开阔的视角。

  清朝中后期，盗匪猖獗，为保家护院，宅主即以铁丝织网，罩在院子上方。铁丝网网孔很小，即使麻雀也无法进入，且挂有铃铛，以作报警之用。铁丝院原有八座，新中国成立后，随着房屋的拆毁也已消失不见。

5.建筑风水

（1）泰山石敢当

住宅院落若正对外街道路口处，院落墙壁上便都会嵌着刻有"泰山石敢当"的石碑。古人认为大石坚硬，且有辟邪之功，故"石敢当"出于人们对石头的崇拜。《继古丛编》中记载着"石敢当"镇宅作用"吴民庐舍，遇街冲，必设石人，或植片石，镌'石敢当'，以镇之。"而泰山乃"五岳"之首，在石敢当前加上"泰山"二字，可使此石碑镇宅驱魔之用大增（图3-27）。

（2）土地神位

庭院住宅内部，人们常常供奉着土地的神位。在民间，土地公被人们视为"财神"与"福神"，因此土地公便被商家供奉为守护神，人们会把土地公请入家中祭拜，以求得财源广进之福气（图3-28）。

图3-27 泰山石敢当

（3）开间数

庭院房屋的开间数也是建筑风水中非常重要的一部分。光村院落建筑中开间数绝无"二、四、六、八"的建制，开间数均以奇数"三、五、七、九"为吉象。"奇吉偶凶"，各地民居在开间布置上深谙其道。

（4）上脊檩

当建筑即将落成之时，择黄道吉日"上脊檩"，在正房脊檩上悬挂九尺红幡，并书以创建或重修年代，以表建筑正式建成（图3-29）。

图3-29 供奉着的土地神位

二、赵氏院落群

1. 赵氏院落概述

清康熙年间，赵氏七世祖赵含弘被封为武举人，于扬州做官。其后人在苏杭经营丝绸生意为家族积攒了财富，遂于乾隆年间，请了苏杭工匠绘制了十八座院子联体的造房图。起初赵家大部分人居住在赵家十八院。后来家中男孩长大成家，又在村中建造和购买了其他院落各立门户。故十八院逐渐变成赵家老人居住的地方。赵家三兄弟，赵大货、二货、三货各在通天街西侧建有宅院（图3-30）。除住宅外，赵家还有三处祠堂与一处当铺，均处光村西侧。

图3-29 正脊上书有创建和重修时间

2. 空间格局

赵氏民居分布集中，院落规整。赵氏三兄弟宅院面积相当，布局相似，纵向二进或三进院落，皆呈前厅后院形式。横向上多个院落串联则以东侧为主院，西侧附有边院、花院，南侧或有场院。赵家十八院、赵大货院与赵三货院均占有一条巷道。主院入口均设在巷南东侧，场院、牲口院位于巷北。赵二货院则稍有不同，主院入口朝东开向通天街（图3-31）。相传二货曾经试图买下南部与其一巷相隔的院落，也占有一条街道，却终未成功。故巷南墙上饰有门楼，巷北却无

图3-30 赵氏院落区位图

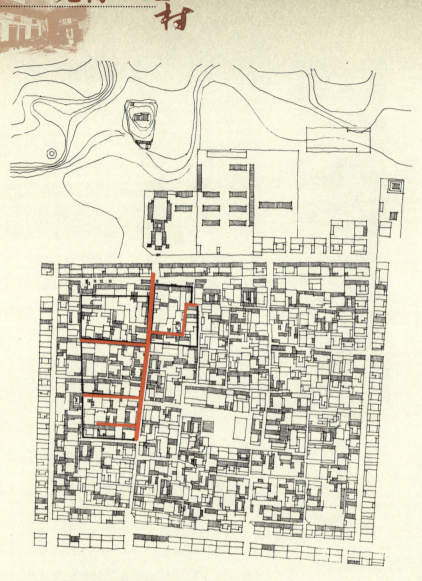

图3-31 院落入口及街巷的关系

对应门楼入口。或许因受苏杭建筑影响，赵氏民居院落空间尺度狭小，如身处壁垒之间。正房东西两侧有高起跌落的马头墙作装饰。

赵氏院落损毁严重，只赵家十八院与赵大货院存留有完整建筑，故以这两座院做重点。仅以村中的资料记载遥想当年赵二货与三货院的情况（图3-32）。

赵二货院建于乾隆年间，呈三进式院落，共7座院落，房屋百余间。由正门进入后，向西约10米有第二道门，由此进入中院便可见过厅。穿过厅入后院，可见砖木结构的二层楼

图3-32 赵二货院一处厢房遗迹

房,高8米有余,做吊脚楼式插廊。梁柱及吊脚悬木上皆有华美装饰。如今光村中已无赵三货后人,三货院更是连断壁残垣都无法见到。只了解到院落同为三进,周边附属书房院、账房院、磨坊院、厨房院、牲口院、场院等(图3-31、图3-32)。

3. 主要院落

(1) 赵家十八院及牛院

①院落背景

赵家十八院与赵二货院位于光村西北部,分居通天街东西两侧。十八院东南侧还有厂院与牛院。清末家境败落,后又经土改变迁,导致赵家十八院绝大部分已经拆改,现存建筑只有二门楼一开间,第一进大院东厢房以及过厅。土改期间过厅被迁建至村委会前广场上用作戏台。院落中还留有些许旧时铺地和墙垣讲述着十八院曾经的繁盛(图3-33)。

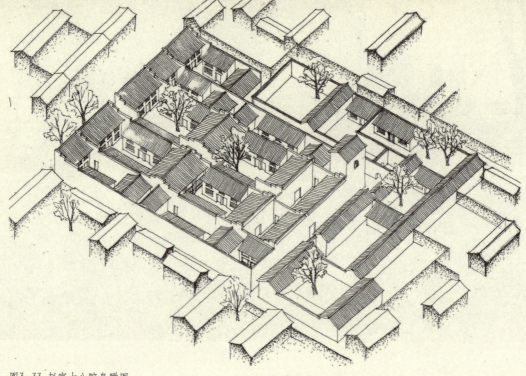

图3-33 赵家十八院鸟瞰图

村中相传十八院有四奇：奇一，大小院落十八座，一线建起，凡墙交接处皆互相咬合绝无竖向通缝；奇二，不论面阔几间，皆用通檩，绝无一间一檩者；奇三，整个十八座院落院院有门，可相互穿行。全院都是砖木结构，大院六座，都是四面插廊，檐下花板雕柱，刻工精致，或人虫鸟兽，或山水花木，无不寓意深刻，呼之欲出。下设花雕格扇，四面柱础雕工更是世间绝品（图3-33～图3-35）。

②总体格局

根据院中老人提供的草图以及现有建筑、铺装，对该院落进行了复原（图3-34）。十八院采取了光村当地民居典型的前厅后院形式（图3-35）。入口处两道门，故主院三进院落。横向上，院落主体左右对称，中间为主院，两侧为边院。厨房与鸽楼皆在边院。东北角小院为私塾院。纵向上，最北端为二层楼，住家中年轻的姑娘。过厅为整座院中最为华丽、雄伟的建筑，在此举行家族聚会。二门楼处有时供客人居住。院落东南角阁楼为整个院落制高点，据村中阁楼惯例推测，其高度约为十三四米。若登上阁楼，不仅能监视两

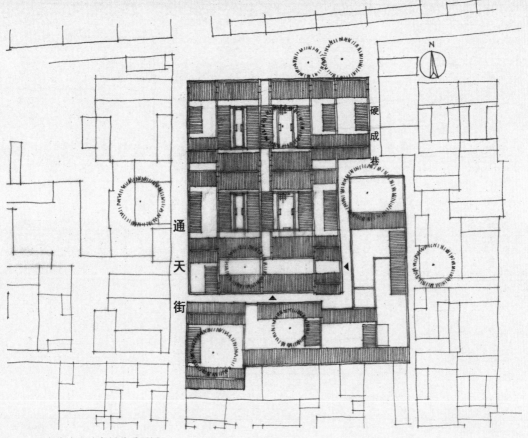

图3-34 赵家十八院复原总平面图

侧街道的动静,还能观察东侧牛院的情况。

牛院与场院如今也已建房住人。只牛院的入口可以确定(图3-36),具体有几座院,几间房已不可考,只做示意性复原图。十八院布局极为紧凑。边院宽度仅为3米左右,加之建筑雄伟高大,院落空间高宽比约为2∶1。在如此尺度的院落中生活,必然会有宁静、安稳的心态,却也不免产生晦暗与拥挤的感觉。

③建筑分析

曾经的二门楼如今成了建筑入口。门楼高约9米,其顶部为单坡屋顶,外侧墙顶端菱角檐封檐,山墙为马头墙。大门正上方有匾额"乎威吉"。大门上额仍在,门板已失。门额高约为3.5米(图3-37)。院中现居老人就在内院增建小门当作实际使用的院门。

| 山 | 西 | 古 | 村 | 镇 | 系 | 列 | 丛 | 书 |

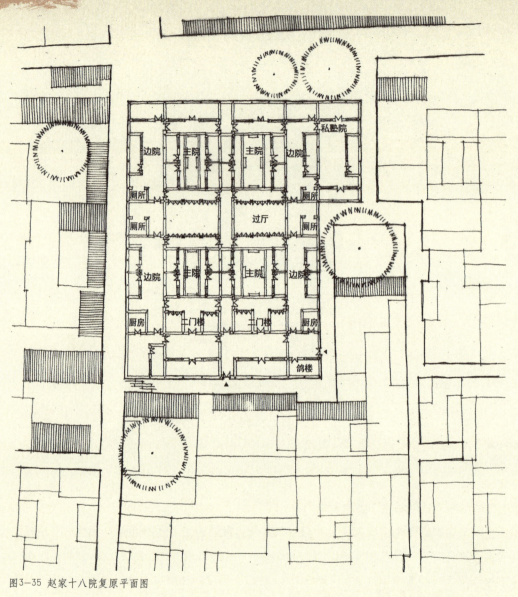

图3-35 赵家十八院复原平面图

  门楼面阔三间，明间用作往来入口，东西次间用作客房。如今门楼只剩下东次间以及向西延伸的部分墙垣（图3-38）。幸而几例雕刻精美的坐斗留存下来。

  十八院过厅于1965年被搬至村委会，据说只用了其中2/3的木料将其改作戏台。它约与门楼同高，为双坡硬山屋顶。为满足戏台功能，过厅南面完全开放，背面砌有砖墙，

图3-36 赵家十八院牛院入口

图3-38 赵家十八院二门楼东厅

图3-37 赵家十八院二门楼

图3-39 曾经的过厅，如今的戏台

墙上东西两侧各开小门。它是光村中保护得较好的单体建筑，其中的装饰元素精美绝伦，只可惜木作构件皆被漆成了红色，抹掉了历史的韵味（图3-39）。过厅内部结构为抬梁式，柁墩斗栱皆做装饰（图3-40）。柁墩与斗栱的翘头均以回纹装饰。斗栱的"栱"处为花板，其上可见松竹菊，和喜鹊登枝的图案，枝头有饱满的石榴，即寓意多福多子。梁下花板雕有腾云的仙鹤，仙鹤形态多样，变化多端。它既象征权贵，又有长寿之意。柱础雕刻也十分丰富，仅一例柱础就囊括了草龙、麒麟、狮子、蝙蝠、骏马、牡丹、荷花、石榴、蟠桃等吉祥图案。高雕、线雕等手法均有体现，使整个柱础造型凹凸有致。

图3-40 赵家十八院过厅抬梁式结构

院落中只有西跨院落的二进院东厢房保留了下来，其余厢房已被拆毁。此厢房屋脊最高点距地面约有6米，屋顶为单坡硬山式，三开间，立面端正简洁，无过多装饰（图3-41）。建筑分为左右两室供人使用。

(2) 大厅院

①院落背景

乾元门内街西由北向南依次分布着赵氏家族三个庭院，依次是"部第院"、"大厅院"和"赵三家院"。大厅院是三座院子中规模最宏伟的院子（图3-42），之所以叫作大厅院，是因为当年高大雄伟的门厅在光村独一无二，尽人皆知。而如今，大厅院也仅存正院大门、偏院大门正院后院的东西厢房屹立不倒了（图3-42、图3-43）。

大厅院的建造者是赵大货（赵家清代一代当家），完成于清乾隆年间，属砖木结构，占地1502平方米，南北长45米，东西宽约14米（正院），总体布局为前庭后院。原有二进式偏院三座，附属有书房院、账房院、厨房院、磨坊院、牲口院和场院等。院落间有连廊贯通其中，占据了通天街至村西边界一大片面积，规模宏大，奇绝壮丽（图3-44）。土改时期将保留建筑分给四家共同居住，现由赵德保、蔺全喜、王全保、李豪安居住。

②总体布局

赵家大厅院位于光村西部中间位置，通天街西侧，夹在赵家二号院与赵家三号院中间

图3-41 赵家十八院厢房立面

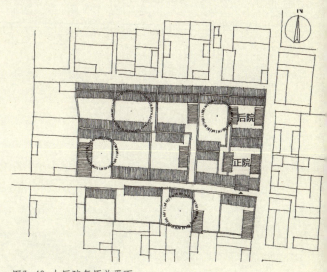

图3-42 大厅院复原总平面

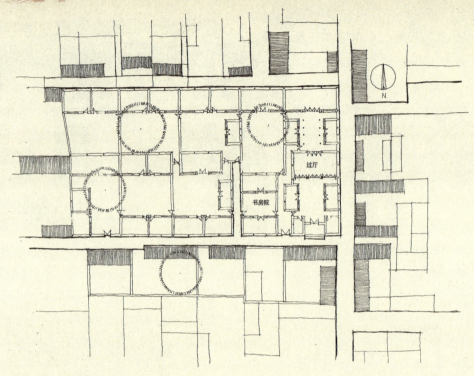

图3-43 大厅院复原平面图

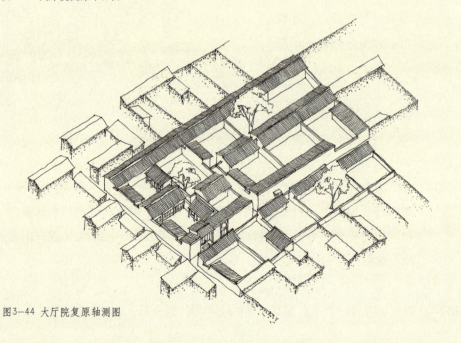

图3-44 大厅院复原轴测图

(图3-44),并独占了一条胡同(图3-45)。山西富商"不扉眷,不娶外妇,不入外籍,不置外面之不动产,业成之后,筑室买田,养亲娶妇,必在故乡。"[1] 赵家在清代依次建造多座院落,正体现了这一点。赵家大厅院院门外原皆有影壁,现已不存,仅从保留的影壁基座遗留能够看出当年影壁的位置。赵家三兄弟的宅院基本占据了通天街西侧的北部位置,为了方便出入和显示财富,增开了村子的西北门和二道门,并修建了门楼。[2] 这在一定程度上也改变了光村的整体空间格局,并引发了村子里一系列和风水有关的改造。

赵家大厅院包括东、西两座院落,皆为两进院,现只保存有东侧的院落,西侧院落已经为废墟。但为了保护遗址未在原址上新建建筑,保留了一地的残垣断壁和参天古树。

赵家大厅院由砖墙围合,外部不开窗以抵御外敌,内部开窗以采光。主院有一座狭长的偏院。这座院只有交通功能,连接起各个院落并直接对外开门,是平日里家中仆人等进出的通道。这样,主院的大门就不必经常开放,一般只有当主人通过或者有宾客来临的时

图3-45 赵家巷

---

1 转引自:乔润令,陕西民俗与山西人,中国城市出版社,1995年版。
2 相传门楼五檩五脊,四角挑起,塑有菩萨像,赵熊题"乾元门",现门楼被毁,无从考证。

图3-46 院落间连廊

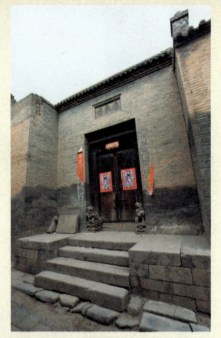
图3-47 大厅院正门

图3-48 大厅院书房院门

候会打开正门。

连廊通道宽1.8米,两侧墙体西高而东低,白天有奇妙的光影变化,空间虽然高,但并不狭窄,所以不使人有压迫感,反而亲切而舒服(图3-46)。前院待客,内院居住,偏院作为书房、厨房等附属部分,院子对面部分布置牲口院。功能分布明确,尺度适宜,交通流线清晰,互不干扰(图3-47、图3-48)。

③建筑分析

赵家大厅院不但有着山西建筑古朴大方的特点,而且兼具南方建筑细腻的风格。《史记·货殖列传》载:"昔唐人都河东,殷人都河内,周人都河南。夫三河在天下之中,若鼎足,王者所更居也。建国各数百千岁,土地小狭,民人众,都国诸侯所聚会,故其俗纤俭习事。"[1] 由此可见,晋南地区建筑粗犷而方正是常态,但从赵家大厅院精雕细琢的匾额和对联中(图3-49),可以看出它是一个不同寻常的特例。因为赵家在苏杭二州皆有生

---

[1] 这里的河东现为位于山西省运城市夏县的安邑。

意,熟悉并欣赏南方建筑的婉约精细,所以做了稍许学习,造就了赵家一号院外表端正、大方,细节婉约精美的特色。这两种美在它身上完美地结合在了一起。

赵家大厅院遗留的建筑采用了传统的木构架结构,规矩严谨,平面均衡,结构柔性良好,整体刚度强,抗震能力强。屋架采用了抬梁式结构,房屋开间不大,增强了稳定性,提高了抗震性能。屋顶皆为硬山坡顶,具有保温隔热及排水作用,多处采用了五花山墙样式,比晋中民居更加美观,又兼具防火功能。沿袭了中国传统木构建筑的一贯风格,围护墙体为内部夯土,外部砌砖,厚重而防潮,又能起到防护的作用(图3-50)。

图3-49 书房院大门对联

图3-50 大厅院墙体构造

三、薛氏院落群

1. 薛氏院落概述

薛氏院落群位于通天街南段,并沿着薛家胡同东西方向延伸(图3-51)。薛家祖辈自明代初期便世居住于光村,清代乾隆末年靠开当铺收购赵家家当发家,从而逐渐兴盛起来。家族院落群中有大小院落二十余座,房屋百余间,薛家祠堂一座。

2. 空间格局

薛氏院落集中在光村村落南面,通天街将薛氏院落群分为东西两部分,东以三尺巷为界,西靠城墙遗址,北临文英巷组团内部的薛家胡同主要服务于其南北两侧院落,供薛氏一族出入所用,在院落群中属于半私有的村落街巷(图3-52~图3-54)。

薛家院落曾经的格局从现状看便可略知一二,据"文革"时期参与过"破四旧"的村民回忆,原来在通天街南面,薛家胡同西口处,有一薛家旗杆,用以标榜家族势力。薛家胡同尺度小,封闭性强。据说胡同两头曾经都装有大门,白天时大门开敞,供人们穿行;而到夜晚时,胡同两头大门紧闭,整条胡同只供薛家人使用,起到防盗作用(图3-55、图3-56)。

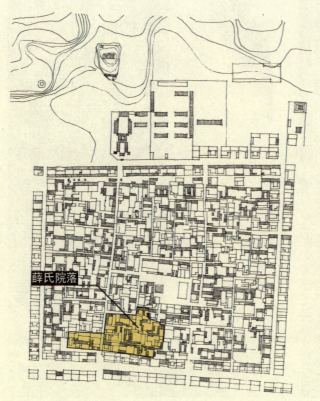

图3-51 薛氏院落群区位

薛家院落群中除了最为基本生活居住功能之外，还有喂养牲口或者能够进行农业生产的场地，比如牛院、染房、麦场等。其中，薛家家族的牛院占地面积较大，薛家胡同北面一进院落曾经多是牛院。现在为了美化古村落的居住环境，家家户户的空场地内都种植了不少果树，供人观赏、食用。

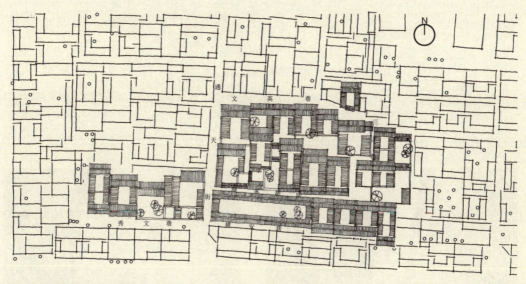

图3-52 薛氏院落群总平面图

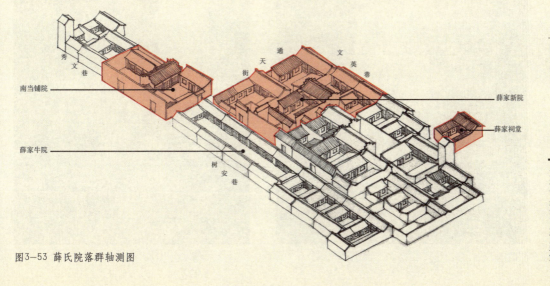

图3-53 薛氏院落群轴测图

山|西|古|村|镇|系|列|丛|书

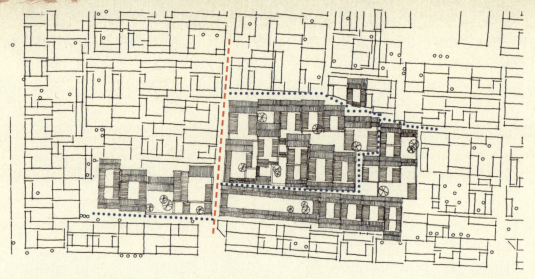

图3-54 薛氏院落群周边道路划分

图3-55 薛家胡同（1）

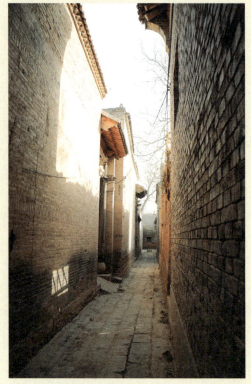

图3-56 薛家胡同（2）

3.主要院落

(1) 薛家新院

①院落背景

薛家新院位于薛家胡同西面第一家,通过院内宅门石匾额的落款可知,此院落建于清代同治年间[1]。当地人称该院建筑时间较晚,是由旧时院落改建而成,故被称为薛家新院(图3-57)。

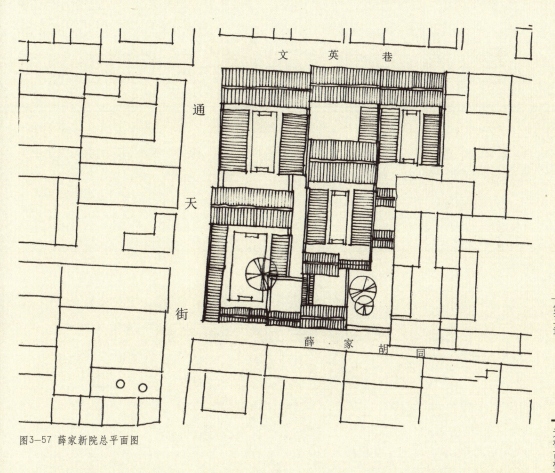

图3-57 薛家新院总平面图

---

[1] 从薛家新院中两处匾额落款推测房屋修建时间,一处落款时间为"同治乙丑"(1865年),另一处为"同治四年"(1865年)。

②总体布局

薛家新院坐北朝南，为二进院落，主入口位于院落南面，朝薛家胡同开门。平面形制乃偏正套院，由主院以及两处偏院组成：主轴线呈南北向，依次分布有三道入口门楼、正院及小院；位于正院西面的偏院是染房及柴房院，而正院东面偏院是书房院（图3-58～图3-60）。

③建筑分析

薛家新院正门上三级台阶后便是此院落的第一进入口小院（图3-61），此处原有二层楼高的砖瓦门楼，具体形式不可考，门楼修有二层廊房可以供人活动。大门正对一块照壁（图3-62），西面有一小门，可通往西南角的柴房院。

西面入口处有两进院落。据如今的遗迹看来，原第二进入口庭院有南房一座，三开间。此院的独到之处在于院落中有一地下藏室，曾为薛家藏宝之地，如今以黄土掩埋。

经过第二庭院之后，便是如今遗留下来的薛家新院的正院院落入口门楼。门楼面阔一间，砖石砌筑而成，上有华美的石枋梁下花板嵌于外墙。门两侧对联曰：堂构宏开森石壁，门庭迭起蔼云霞，门楼匾额上刻有"安厥止"三字，期望家族能够在此精美院落中安居乐业，美满幸福（图3-63）。

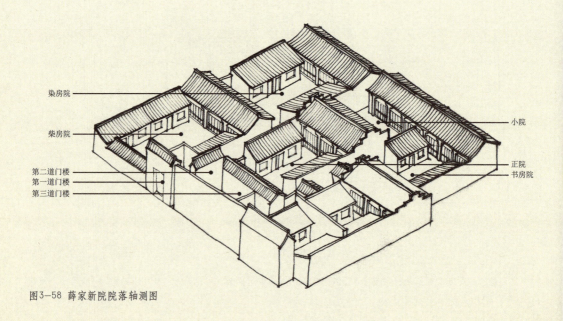

图3-58 薛家新院院落轴测图

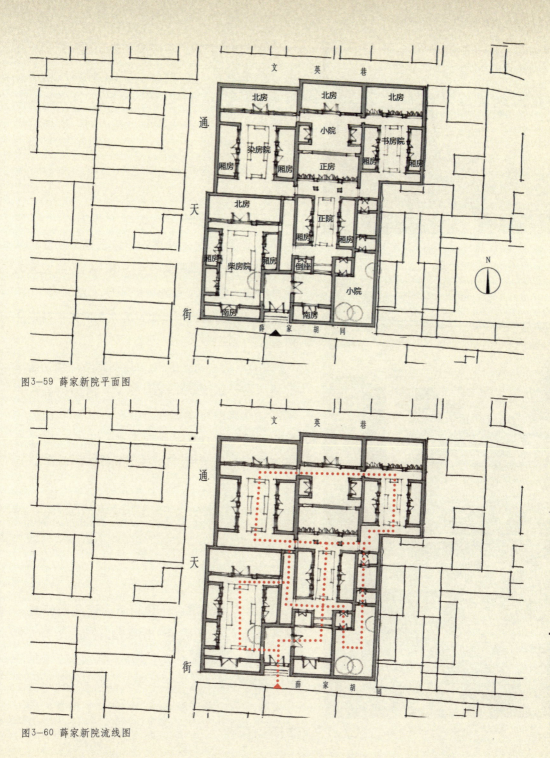

图3-59 薛家新院平面图

图3-60 薛家新院流线图

图3-61 薛家新院原第一进庭院与第二进庭院遗址

图3-62 第一进庭妍入口照壁遗址

正房是家庭接待客人或举办活动所用的大厅房，薛家新院正院保存完好，正房面阔三间，进深三架，两层通高，高约8.5米。采用抬梁式木结构承重，硬山式屋顶，且两侧山墙高出屋面形成三叠防火墙。檐廊设有四根柱子，明间与次间皆是六抹隔扇，并设有方格门帘架（图3-64）。

正院院落狭长，长宽比大约为2:1（图3-65、图3-66）。院落入口位于整个院落的中央。入口处，东西两侧各有一道小门，通往西面的染房以及东面用于种植的小院（图3-67、图3-68）。正房檐廊两侧也设有东西两道小门连接两侧以及北面的小院。

正院中东西厢房对称，形制完全一致，面阔三间，高两层，单坡硬山屋顶。清代建筑装饰繁复，从此厢房木雕就可知一二，梁下花板、梁头花板以及垂柱都精巧别致。而且厢房二层开了正六边形漏窗，再在其中设置带有龟背纹的木花窗，颇有江南园林的意味（图3-69、图3-70）。

(2) 南当铺院

①院落背景

薛家南当铺院位于通天街南端靠西面第一家（图3-71），据如今保留院落正房梁下的题字——"大清雍正十二年岁次甲寅八月二十二日丑时创建，嘉庆二十三年岁次戊寅十月初一日卯时重修，主人薛志樸谨志"——可知院落的始建重修年代。

图3-63 薛家新院正院入口

图3-64 薛家新院正院速写

图3-65 薛家新院院内

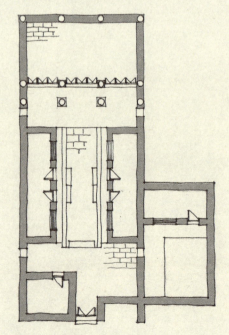

图3-66 薛家新院正院平面

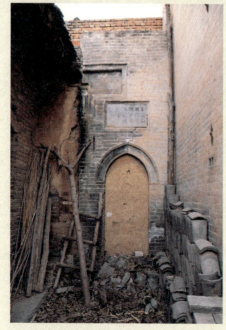

图3-67 通往西面染房的通道

图3-68 南面小院现状

图3-70 薛家新院东厢房花板

图3-69 薛家新院正院正房与厢房

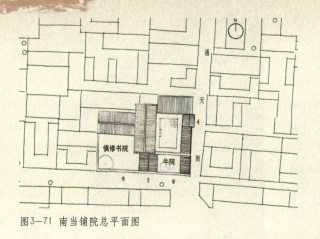

图3-71 南当铺院总平面图

光村中当铺院有二,根据其所处的地理区位,一为"南当铺院",二是的"北当铺院",两处皆曾为赵三货所有,由于赵家在清朝嘉庆时期逐渐衰落,南当铺院易主薛家,而北当铺院则归蔺家所有。

②总体布局

南当铺院东有通天巷,南有秀文巷,是一个二进院落。但由于入口大门朝向通天街,大门位于院落的东北角上,故整个院落的平面格局和村内大部分院落格局不同,为非典型的簸箕院。第一进院落中,西房为上房,并设有北房和东房,南房的北面有一块打煤场地。第一院落与位于其南面的牛院通过院落东南角一小门连接,牛院西面有一附属的慎修书院(图3-72~图3-74)。

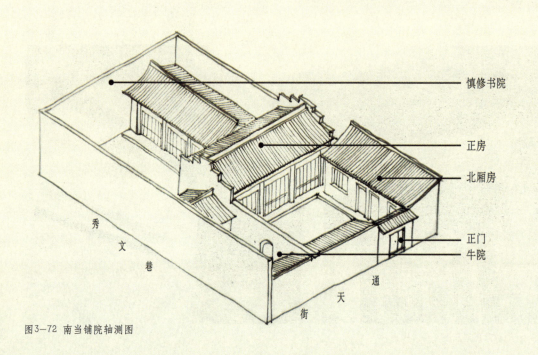

图3-72 南当铺院轴测图

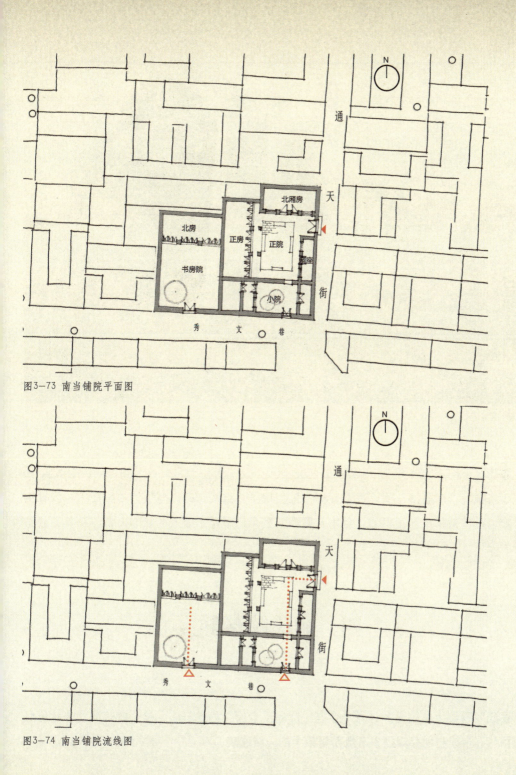

图3-73 南当铺院平面图

图3-74 南当铺院流线图

图3-75 南当铺院西房现状

③建筑分析

南当铺院正房面阔三间,进深五檩,采用抬梁式结构,硬山屋顶,二层通高,原有檐廊。如今西房被拆只剩下两间,且木头腐朽,整个房屋处于散落的状态,昔日精美的装饰亦所剩无几(图3-75)。

四、蔺氏院落群

1. 院落背景

蔺氏院落群大小院落共计六十余座,房屋百余间,祠堂三座,整个院落群的修建历经明清两代,是光村现存规模中占地面积最大的民居建筑。

蔺氏宅院不同于薛、赵、王、李家宅院，在村内集中分布于某片区域。蔺家宅院大致分布在村中三处，第一处集中有蔺家大部分宅院，位于于光村的东南，其西侧以三尺巷作为界定，东侧以任家湾作为界定，南侧至光村南城墙，北侧至村委会巷，占据了整个光村的几乎1/4的面积；第二处较为分散，分布在光村中部偏东；第三处分布光村北端，从西城墙至中巷之间的一排宅院。由于分散分布，关于这些宅院的通俗叫法，村中有两种说法，一种是前蔺、后蔺、东蔺、西蔺：前后蔺的

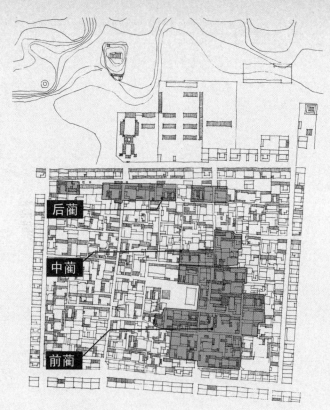

图3-76 蔺氏宅院区位图

分界线为村委会北巷，南为前北为后，而东西蔺的分界线为中巷；第二种说法是村中的蔺景浩老先生指的前蔺、中蔺、后蔺：国华巷和栓学巷以南的蔺氏宅院称为前蔺，国华巷、栓学巷与后元巷之间的称为中蔺，后院巷以北的称之为后蔺（图3-76）。为了方便，以下使用前后蔺的说法来进行分析（图3-77、图3-78）。

村中保留得较好的蔺氏宅院如今已不多，其中较为典型特别的有南楼院、阁兴院以及四串院。

2.空间格局

蔺氏宅院规模大，内部道路众多，尤其是前蔺，院落与院落之间夹着主要街道与巷道。不同于村中其他一般的宅院，所有宅院连成一片，蔺氏宅院院子之间形成组，组与组

|山|西|古|村|镇|系|列|丛|书|

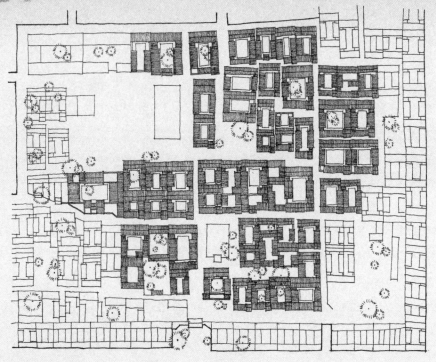

图3-77 蔺氏宅院前蔺复原平面图

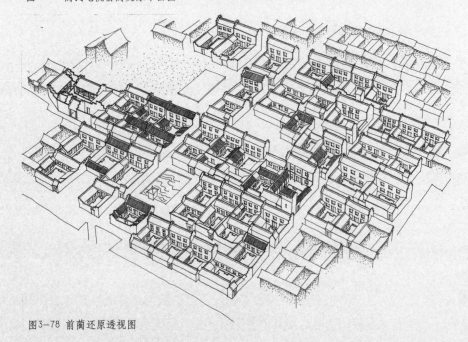

图3-78 前蔺还原透视图

之间用道路分隔开，而一组院落间通过夹巷将院落分开，满足采光等需求。

后蔺的分布较为单一，即村中最北一排，道路格局简单，蔺氏宅院的道路格局较有代表性的是前蔺部分。以前蔺为例，整个院落群以南北向的中巷与为主要道路，连接村南继照门与光村中心，次级的任家湾连接村南入口与院落群东南侧居民住宅，而等级更低的东西向巷道——国华巷、栓学巷、天命巷、定臣巷，则将院落组南北向分割开来。

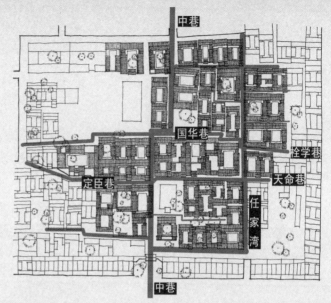

图3-79 主要道路、巷道分布

前蔺院落群用地界定：在确定了南北向主要道路中巷、任家湾后，将宅院分组布置于主巷东、中、西三处，再用国华巷、栓学巷、天命巷、定臣巷等东西巷道界定出用地南北进深，一组院落间的夹道设置也有规律的，南北向的院落一般为两进，两进之间设置东西向夹道，如此一来，各院落的用地界定出来了前蔺院落群形成（图3-79）。

前蔺的空间格局：以中巷、国华巷、定臣巷、天命巷、任家湾为主要分界，整个前蔺呈7组院落群，每一组的院落数由6~13不等，院落组的分布也有明显特点：蔺家宗祠布置于村东南入口中巷东侧，六组院落群以祠堂为中心向东西北三面扩散，规矩而建。后蔺的空间格局较为单一。

蔺氏宅院均采用合院式格局布置，大都为四合院，少部分为三合院，有一进院落也有二进院落。前蔺部分二进院落较多，供人居住，其南侧建设一进的院落，作为牛院、马院，储放一些粮食、厨具等。后蔺部分的居住院落基本为一进院。蔺氏宅院的入口大都布置在院落群东南角，与南侧巷道连接。由于东西向直接与主要道路相连或者南向没有道路，少量院落将入口布置于院落东西侧，如阁兴堂与南楼院。

3. 主要院落

(1) 南楼院

①院落背景

南楼院属蔺家宅院，院落原主人为蔺好好，之后又有何人曾居住过，已无迹可查，现院落居住主人为蔺炎平。南楼院始建于明代，是光村现存最早的院落。

该院位于光村天命巷和任家湾交叉口西北角，其南面紧邻天命巷、北面紧邻国华巷、东面朝向任家湾，西面则与邻院相接，占地约500平方米（图3-80）。

②总体布局

南楼院坐北朝南，为一进式状元插花院落，阁楼位于院落东南角。任家湾北侧的也有一处阁楼院，村里的人按照地理位置称作"南楼"和"北楼"。

南楼院入口位于院落的东南角，朝东面任家湾开门。院落由阁楼、北房、东西厢房、倒座和耳房共同围合而成，四面各出檐廊，建筑宏伟，院落宽阔（图3-81、图3-82）。

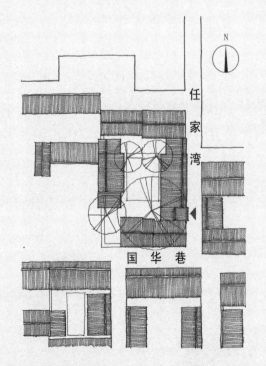

图3-80 南楼院总平面图

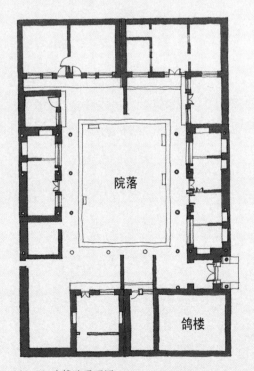

图3-81 南楼院平面图

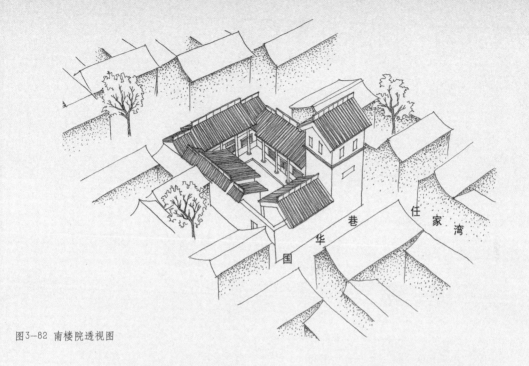

图3-82 南楼院透视图

③建筑分析

南楼院门楼的装饰极为精致,面宽一间,进深两椽,悬山顶(图3-83)。门楼外有石鼓一对。

阁楼建在院落东南隅,为村内最高、最大的阁楼遗址,惜如今只留下一层楼的遗迹。面阔一间,进深四架。可由东厢房进入到阁楼二层(图3-84)。

东西厢房均保留完好,面阔三间,从明间进入室内,南北各一间,天花上有两处开口,一处位于北房的炕上方,可以通过木梯上至二层,一处位于南边门内上方,亦可直接登上二层。东厢房的屋顶以前毁坏过,屋架改建过,而西厢房较为完好。因有前廊,故从空间感觉

图3-83 南楼院门楼

图3-84 南楼院院落

图3-85 南楼院东厢

来讲，该院落较其他蔺家院落更为宽敞（图3-85）。

北房为此院落正房，已毁，经过询问院落主人，北房曾有两层高，面阔五间，前设廊柱四根。倒座也已拆毁，面阔三间，其西侧有一处通往附属院的小门。

（2）阁兴堂东院

①院落背景

阁兴堂位于光村北部，青元巷西头。阁兴堂始建于清康熙年间，它指代两座院落，有东、西，是一处偏正套院，两座院落除西院无阁楼外，格局基本对称（图3-86）。其东院是阁楼院（村中的人因其为鸽子住所，又谐音名为"鸽楼"）中保存得最完整的院落，占地约500平方米。如今为了方便的生活，该院子的主人在院子的南面新建房

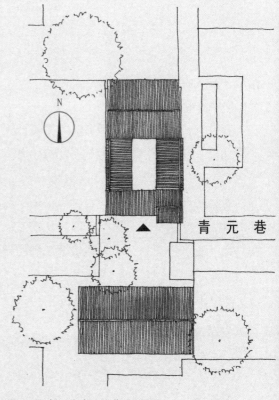

图3-86 阁兴堂东院院落总平面图

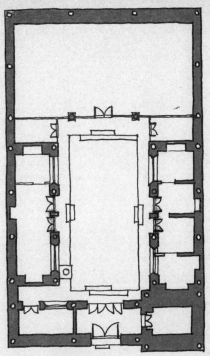

子，用院墙把新建的房子与老院子围合起来，形成一个完整的居住场所，主人主要居住在新建房子中，老院子主要用于囤积粮食与堆放杂物等。

②总体布局

由青元巷朝西，可见巷子尽头阁兴堂东院的高大阁楼，其东侧种植着桃花，别有意境。院落坐北朝南，为一进院落，由阁楼、正房、南房、东西厢房共同围合而成。阁兴堂东院有两重门，第一重为进入大院的门，第二重门是进入阁兴堂东院真正的"宅门"（图3-87、图3-88）。

图3-87 阁兴堂东院院落平面图

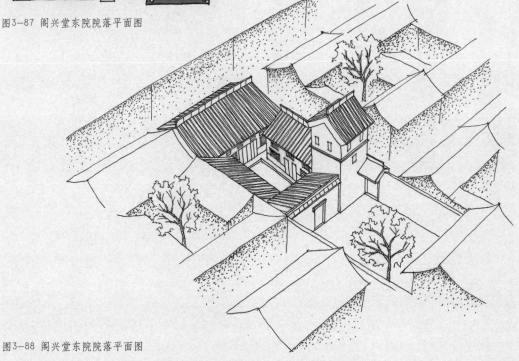

图3-88 阁兴堂东院院落平面图

③建筑分析

大门位于东南侧,而二进门位于阁兴堂东院的南侧中部,上有木过梁,门上有砖雕匾额,曰"衍三多",据院落主人介绍,三多指为"福、禄、寿"(图3-89)。

阁楼位于院落东南隅,宏伟高大,保存完好,五层高,约15米。由于阁楼现为鸽子栖息,多年无法进入。从院落主人那得知,阁楼可从东厢房和南房的二层直接进入,二层以上,阁楼内设木梯而上(图3-90)。

东西厢房面阔三间,均为两层,单坡硬山顶,东西厢房对称(图3-91)。

北房为院落上房,面阔三间,进深三架。其高度较高,明间为六扇可开启的六冒头隔扇门,门上又有四扇窗。两次间为不可开启的板门。院子东北侧,东厢房檐下另设了一小神龛,内供奉泥塑神像。

图3-89 阁兴堂东院院落阁楼

图3-90 阁兴堂东院入口大院

图3-91 阁兴堂东院主要院落

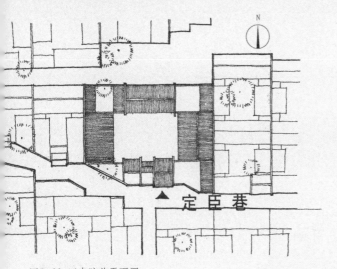

图3-92 四串院总平面图

(3) 四串院

① 院落背景

四串院位于光村内定臣巷的西端往东第三家。此院落始建于清末，占地约为540平方米。院落已经损毁，仅剩门楼一座，因其院落独特格局，成为光村内蔺氏宅院的一朵奇葩（图3-92）。

② 总体布局

"四串院"因其格局而得名，院落坐东朝西，基本呈南北轴对称。由南侧双门楼、北厢房、西房与东房围合而成一个主要院落，四面插廊，其东南、西南、东北、西北嵌有四个小院，四座小院围绕一座大院，故曰"四串院"。该院落宽泛地讲，可以算作二进院落，因其有两道宅门，但第一进院落极为狭小，故严格意义上讲，算作一进（图3-93、图3-94）。

③建筑分析

大门楼装饰华丽，是四串院唯一保留完整的建筑。面阔一间，进深两架，悬山顶。圆木立柱两根，紧贴砖墙，下有圆石础。柱上的斗栱极为精致华丽，而梁上花板上刻有立体龙凤木雕，也极为精美华丽，在光村中是极为少见的一例。宅门前有石鼓一双，与柱廊形成一处灰空间，尺度宜人（图3-95）。

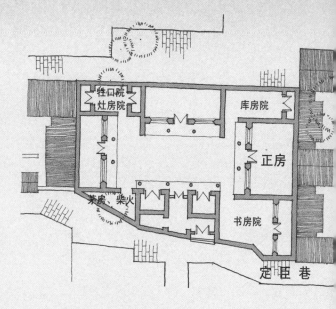

图3-93 四串院复原平面图

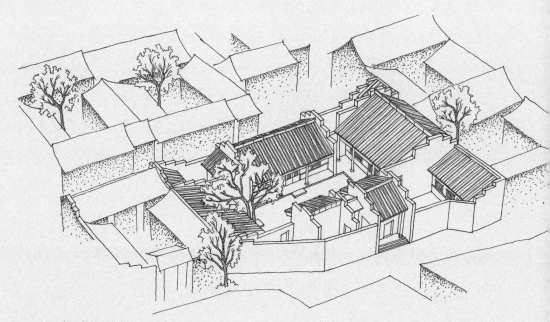

图3-94 四串院复原透视图

图3-95 四串院大门楼　　　　　　　　　图3-96 院落现状

　　从大门楼登上三级台阶，可见宅门，正对宅门为一处影壁，向西侧折转即为第一进院落，再往北折即可见到第二道门，通过二道门即进入到了主要院落（图3-96、图3-97）。

　　院落较为宽敞，现宅主描述，东西长有10丈（大概有30多米），其南侧为座带檐廊倒座，各一间，北厢房、西房面阔三间，东房为正房，面阔同样是三间，而两房之间各有小门，通往四座小院。东北小院有东房一座，为库房院；西北小院有东房和西房各一座，为牲口院、灶房院；西南小院为茅房、柴火院；东南小院有东房一座，为书房院（图3-98）。

图5-97 内院现状

图3-98 书房院东房

五、李氏院落

1.主要院落

据村中居民介绍,李氏院落分布在光村西南侧,其中只有李保佑院保留较为完好,故详细介绍此院落。

(1) 李保佑院落

①院落背景

李保佑宅院位于光村西侧,在李家巷尽头北望就能看到宅院阁楼。正房建于康熙十五年,即1676年[1]。据宅院户主讲述,光村西南角北至赵家巷,东至李家巷的区域曾经均为李

---

1 正房脊檩下枋有题记,记载该院建造年代为清康熙丙辰年,即康熙十五年(1676年)。

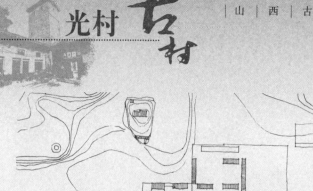

山│西│古│村│镇│系│列│丛│书

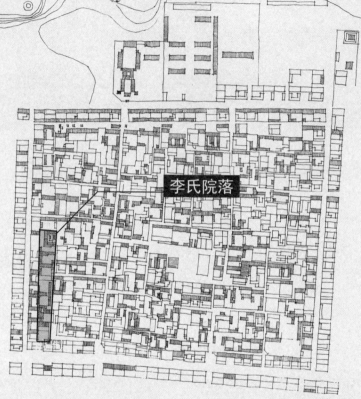

图3-99 李氏院落区位图

家宅院。如今其中绝大部分建筑已经拆毁改建，只有北侧这座院落保存较为完好。又一说李家只此一院。（图3-99）。

②总体布局

李保佑宅院由主院与东侧厨房柴房院组成，占地面积约198平方米。空间布局狭小紧凑。厨房院宽度不及2米，空间感觉高耸局促。主院为一进院，由正房、东西厢房、南房、阁楼围合而成。院落入口在东南角，设有两道大门。第一道门位于阁楼正下方，向南开放。进门后先经历由十字拱覆盖的缓冲空间，向西转入第二道门，才算正式进入院落（图3-100～图3-105）。

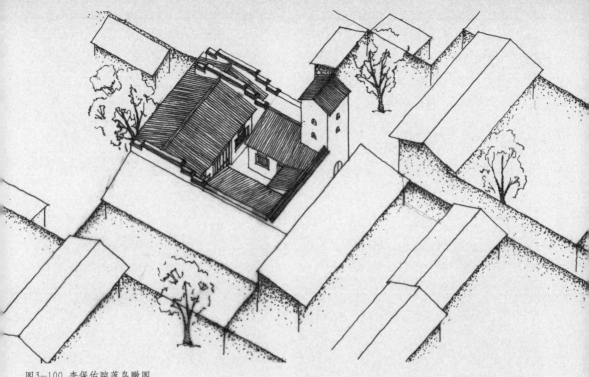

图3-100 李保佑院落鸟瞰图

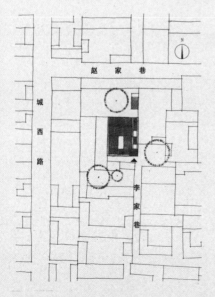

图3-101 李保佑院落总平面

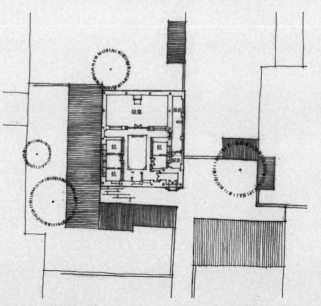

图3-102 李保佑院落平面图

图3-103 李保佑院落入口

图3-104 李保佑院落厨房

③建筑分析

　　阁楼高4层，第二道门内天花有上人入口，从门后的横档可直接登高进入。阁楼二层以上每层设不同方向楼梯，楼板均为木板，且有不同程度的腐烂现象。阁楼顶层原有悬山屋顶，后遭雷击烧毁（图3-106）。

　　南房为一开间，面阔1.64米，位于院内南侧正中，单坡顶，现用来堆放杂物。东西厢房均为二层。东厢房面阔二间，内设一炕，上人入口设在门后。西厢房面阔三间，原有隔墙等分出两间屋子。屋内分设两炕，上人入口在北炕上方。

　　正房面阔三间，进深三架。正立面只有明间为木作，有六扇可开启的六抹隔扇门，两侧均为砖墙开窗洞。房内有竹制神主龛（图3-107），其上安放着李家祖先的排位。脊檩两侧有插手，瓜柱上有斗栱装饰。

图3-105 李保佑院内透视

图3-107 李家祖龛

第三章 光村古村落居住建筑

121

图3-106 由正房内看鸽楼

光村古村落 公共建筑

GONGGONG JIANZHU

| 山 | 西 | 古 | 村 | 镇 | 系 | 列 | 丛 | 书 |

一、概述

  公共建筑是地方建筑技术及艺术的重要体现，更是地方传统文化的重要载体，尤其是当地的宗教文化和祖祠文化。光村从形成到发展，一直以来都受到浓重的宗教文化和宗法制度影响：村民逢节日祭祀神灵、祈福迎祥；各家族聚族而居，以延续宗族。

  光村现存的公共建筑种类并不多，大体只有两类，一类是寺院庙宇等宗教建筑，另一类是家族祠堂等宗祠建筑。建筑功能用途也较为简单，宗教建筑主要用于传统的宗教活动：有代表性的宗教活动就是光村古村落丰富的庙会，有记载的有玉皇庙会、火神庙会、娘娘庙会、东古庙古会、财神庙古会、关老爷庙古会和马王庙古会。延续至今的，是农历正月二十九的火神庙会[1]。除了宗教活动之外，光村的公共建筑也用于其他非宗教活动，因大部分庙宇都有戏台或舞台，平日也用于戏曲表演[2]。宗祠建筑的功能较为丰富，除最基本的崇宗祭祖之外，婚丧寿喜、商议族内重要事务也常在此进行。

  光村现存完好的宗教建筑有福圣寺和玉皇庙。据村民的回忆，光村内外曾庙宇遍布，还有关帝庙、马王庙、菩萨庙、三官庙、先神庙、火神庙、财神庙、东岳庙、山神庙等，损坏程度不一，有的已不存，损毁年代不可考；宗祠建筑原有王氏祠堂2座、赵家祠堂2座、薛家祠堂1座、蔺家祠堂3座；现存王氏祠堂1座、蔺家祠堂1座，赵氏祠堂均损毁（表4-1、表4-2）。

光村公共建筑（宗教建筑）一览表　　　　　　　　　　表4-1

名称	别名	坐落地点	修建年代	院落规模	礼教类型	备注
福圣寺	福胜院	村西北，通天巷北侧尽头	元明朝	四进	佛教	现存
玉皇庙	会仙楼	村西北，紧邻福圣寺	明朝	三进	道教	现存
关帝庙	—	天命巷与任家湾交叉口东南		三进	民间信仰	残存
马王庙	—	关帝庙旁	—	—	人物崇拜	不存
财神庙	财神殿	村东北，城北路东侧		一进	风水	重修
三官庙	三官殿	城东路沿线北			风水	不存
先神庙	—				道教	不存
火神庙	火神殿	村西南，通天巷南侧尽头	—	—	道教	不存

---

1 火神庙已不存，今称正月二十九庙会。
2 约1955年，赵家十八院的过厅被迁移到今村委会中心作为全村的戏台，之后至今戏曲表演都在此进行。

名称	别名	坐落地点	修建年代	院落规模	礼教类型	备注
菩萨庙	—	—	—	—	佛教	不存
东岳庙	—	村西北，城东路沿线西	—	二进	风水	不存
山神庙	山神殿	东岳庙北侧	—	一进	风水	不存

光村公共建筑（宗祠建筑）一览表　　　　表4-2

名称	层数	坐落地点	修建年代	院落规模	占地面积	备注
薛家祠堂	1	定臣巷中部北侧	清朝	一进	166	现存
赵家祠堂1	1	通天巷中部西侧	清朝	一进	—	不存
赵家祠堂2	1	通天巷中部西侧	清朝	一进	—	不存
王氏祠堂1	1	青元巷与恒安巷交叉口东南	清朝	一进	90	现存
王氏祠堂2	—	—	清朝	—	—	不存
蔺家祠堂1	1	中巷南端东侧	清朝	二进	330	现存
蔺家祠堂2	—	天命巷与任家湾交叉口西南	清朝	—	—	残存
蔺家祠堂3	—	对子巷南北支西北端	清朝	一进	—	不存

　　光村的公共建筑分布具有明显特点，宗教建筑分布于城墙之外，只有个别位于村内，例如关帝庙、马王庙，总体而言，宗教建筑沿着村周边分布；而宗族祠堂则位居村内，一般分布在某一个姓氏宗族住宅的中心位置（图4-1）。

　　根据光村的地理条件和各个宗教建筑的位置，我们推测公共建筑分布渗透着风水文化：首先从地理条件上看，光村地势北高南低，西北为姑射山，而东南方向地势低且相对平坦，较为开阔；再看宗教建筑的分布，东岳庙、山神庙、玉皇庙、三圣阁、福圣寺等关乎佛祖仙神、天上帝王的宗教建筑位于村西北，尤其供奉玉皇大帝的玉皇庙居于村内西北方，并且在村内中部偏西有一条主路，名曰"通天巷"，南连地，北通天，直往福圣寺和玉皇庙；而火神庙、土地庙、关帝庙等关乎护国佑民的庙宇分布于东南，这就跟中国传统建筑选址的风水文化很是相似。为了形成宗族内部统一与凝聚，将宗族祠堂建设于某个宗族宅院中心位置，如赵氏祠堂与薛家祠堂分别布置在赵氏、薛氏宅院集中的中心部分，而蔺家祠堂的宗祠（祖祠）放置在蔺氏宅院较为集中的前部分（村中的蔺氏分为前蔺、中蔺、后蔺，而位于村中东南角的前蔺是蔺氏宅院最集中、数量最多的部分），蔺家支祠则放置在蔺家支系的家族中心位置。

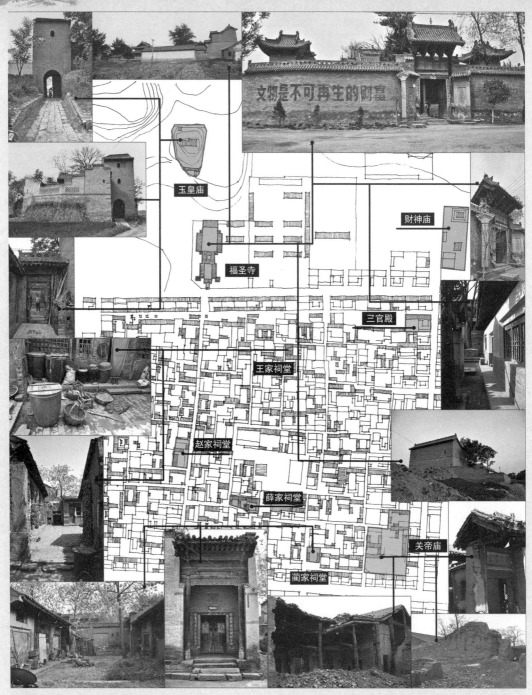

图4-1 光村公共建筑分布图

宗教、宗祠、居住建筑这三类建筑各有不同，首先，公共建筑与居住建筑虽性质不同，但两者都采用中国传统的合院式形制。但是公共建筑在多方面做出特别处理，又有别于居住建筑。其次，同为公共建筑，宗教建筑与宗祠建筑也有所区别。这三类建筑的区别表现在以下几点：

（1）宗教建筑是相对独立的，并且周围有墙体围合，例如玉皇庙、福圣寺；而且大都位于村外较为空旷的地方，周边不毗邻其他建筑，而宗祠建筑和居住建筑分布于村内，周边有相邻宅院。

（2）宗教建筑因功能需求，为满足更多人的活动，体量一般比居住建筑更大。

（3）宗教建筑刻意营造出居住建筑所没有的空间序列与空间感受，例如福圣寺，通过空间的疏密对比和高度递进来达到宗教建筑所需的神圣、豁达等效果，而居住建筑一般不具有如此强烈的空间序列。

（4）不管是从屋顶形制、屋顶结构、建筑装饰来看，宗教建筑较居住建筑等级都更高，例如福圣寺的大雄宝殿用的是重檐歇山顶，四角攒科斗栱，并有龙纹鸱吻，这在民居里都相当罕见。

（5）宗祠建筑与居住建筑没有太多区别，只是在位置上突显两者的差异，宗祠建筑位于族内宅院的中心位置，宗族宅院绕其而建。

（6）宗祠建筑大部分为三合院形制，一般无南房，而居住建筑多为四合院形制。

二、宗教建筑

1. 福圣寺

（1）概述

福圣寺位于村北城北路与村内通天巷交叉路口，通天街北端尽头，即原来的乾元门之外："光村乾元门外古有福圣寺者，以振乾纲"（《重修福圣寺碑记》）。这个寺庙是山西新绛县境内目前保存最完整且年代最早的寺庙建筑群，2001年6月25号被国务院公布为全国重点文物保护单位。

民国版《新绛县志》第二十八卷文物中记载，它始建于唐贞观年间(649～627年)，其始建规模不可考，但据其完整度以及前后统一的建筑风格、空间序列等推测，始建规模与现存规模大致相近。金大定三年（1163年）赐名为"福胜寺院"，后赐今名"福圣寺"。金大定二十八年（1188年）的《重修福圣寺院添修年谱记》记载："昨于大定三年省符遍行天下其无名额寺观，补助军储清买其额僧惠□领素士鸠财同欢纳讫，赐名曰：福胜寺，焉因是声流遐迩，誉播古今，闻之听之美不□□□已矣。"寺内碑文记载着福圣寺曾多次翻修的历史，寺内年代不详的乙卯《重修福圣寺碑记》记载着由于后大殿残破衰崩，除朽换新，润色大门，筹备众人资金加以彩画的历史，大清康熙辛酉年（1681年）的《重修福胜寺序》记载着由于神祠——十殿阁君殿殿宇崩漏而重新修葺的历史，大清乾隆丁丑年（1757年）的《福胜寺新建牌坊记》记载了新建牌坊的历史。除此之外，明弘治十一年（1498年）、万历年间，清康熙、嘉庆、咸丰年间和民国年间福胜寺都不断修葺，福圣寺方形成今日之格局。

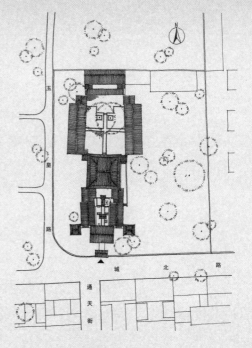

图4-2 福圣寺总平面图

(2) 总体布局

福圣寺属于典型的中轴对称、一正两厢式院落，一共四进，南北中轴线上从南至北依次分布着山门、天王殿、牌坊、小山门、大雄宝殿和后大殿（图4-2）。其前后四进院落均处于不同高度，院落自南往北，前院窄而紧凑，后院宽而疏朗。院落高低错落，疏密有致，空间抑扬顿挫，宝殿古朴大气，景象幽深雅致，

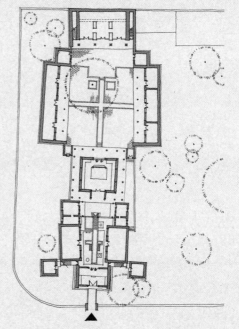

图4-3 福圣寺平面图

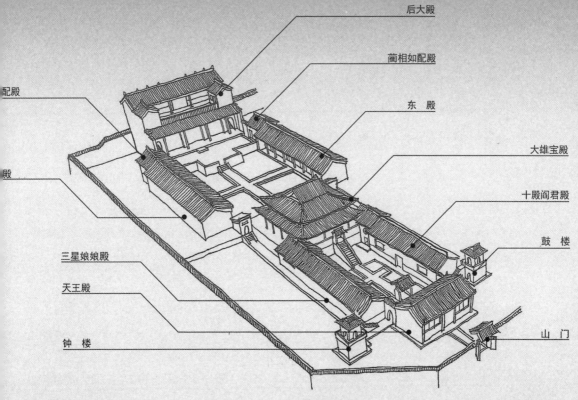

图4-4 福圣寺透视图

图4-5 福圣寺南立面

树木玲珑青葱（图4-3）。

　　福圣寺四周高墙围合，寺外仅见山门全貌及庙宇屋顶，山门直面通天巷，其高大的尺度与华丽的装饰，强调出其重要的等级（图4-4）。较为巧妙的是，站在寺外往寺里看，层层开启的门使寺庙的层次变得丰富而深邃，营造一种寺庙独有的神圣与震撼（图4-5）。

第一进院落南北宽约6米,东西长约30米,院落较为狭长,形成东西长南北短的矩形院落空间。院落北侧为天王殿,其东西侧分列钟楼、鼓楼。

第二进院落较第一进院进深更大,东西宽约6米,南北长约15米,平面呈东西短南北长的矩形,具引导感和纵深感,院子地面铺成东西南北四个方向的凸起十字甬道,位于十字甬道正中央是一处牌坊(图4-6),路东西端为十殿阎君殿和三星娘娘殿,西北侧种植竹林,东北角为一株苍天古树,高大挺拔,十分震撼。院子正北为石、砖混砌墙体,砖砌方式较有质感,错搭的砖空出一个个"十"字。墙体中间为13级石阶,石阶通向小山门。

第三进院落似乎有意设计得更加狭窄,东西长约10米,南北宽约4米,平面与第一进院类似,呈东西短南北长的矩形。正北坐落着大雄宝殿(也称弥陀殿),东西布置着两处配殿。由于院落较第一进院落尺度更小,本应会有一种狭窄的逼迫感,但巧妙的是,宝殿巨大的重檐歇山顶削弱了其高度感,而宝殿周边的柱廊也使院落空间更为宽敞,尺度显得宜人。宝殿南侧被两面墙分割成三分,中间为进入殿内门扇,墙上正反面各嵌2通石碑,东西侧分别搁置了4通石碑,共16通。此处书写着两副对联,内容非常大气磅礴,体现出当地人对福圣寺的尊崇。一处为山门上:"千年古刹逢莱境,一庙灵光盛世天";另一处为宝殿前:"飞檐斗栱,天造地设,斯殿多仙客;悬塑精雕,神工鬼斧,此处绝尘嚣"(图4-7)。

第四进院落是整个寺庙空间的高潮,是寺内四个院落中最大的院落,东西宽约16米,南北长约20米,整个平面呈近似的正方形,并且四周主要建筑均有柱廊,故空间显十分宽敞豁达(图4-8)。正北坐落着后大殿,两层高,前有宽大"凸"型月台,南北长约15米,东西最宽处约7米,其上放置香炉,月台前各植古树一株,树干高,树冠大。月台东西各坐落着一处配殿,东侧为蔺相如殿,西侧为廉颇殿,与"左文右武"的地位相一致。此

图4-6 寺内第二进院落

图4-7 寺内第三进院落

图4-8 寺内第四进院落

处安宁静谧,宽敞豁达,夏日时鸟语花香,蝉叫虫鸣,可谓修身养性之地。

　　后大殿二层可由大殿东西侧门登上,北侧小窗之外可俯瞰光村仰韶文化以及西北侧玉皇庙,夏季可见一望无垠的金黄田地,甚是豁达。大殿二层又可回望福圣寺建筑屋顶,又是另一种震撼。

　　寺内《重修福圣寺碑记》石碑碑文就写有:"得山川钟毓之灵,为一村文脉之所系焉。前后凡数层,步步引人入胜",福圣寺在空间序列以及空间感受的安排和营造上做得极为巧妙,具体表现在以下几点:

　　1)福圣寺巧妙利用北高南低的地形,将建筑层层向高处布置与人从低处到高处产生的心理变化巧妙联系起来,达到宗教建筑需要的震撼效果。

　　2)四进院落的空间形态变化丰富,疏密有致:较小的"一"字形矩形平面——较大的"1"字形矩形平面——更小的东西长南北短矩形平面——更大的近似正方形平面,到最后是二层往回俯瞰建筑屋顶的平台。院落形态以及高低变化带来了空间感受层层递进。

　　3)前后院落的建筑形式、地面高差、铺路形制、院落植株布置相互呼应、升华与强调。表现在以下5点:

①第二进院落的空间较为拥仄，东西两侧的十殿阁君殿和三星娘娘殿体量相对较小，由墙面直接围合院落；

②地上凸起的"十"字铺路强调了南北方向的空间引导，而大雄宝殿巨大的屋顶与地势的抬高使得第二进院落的拥仄感更加突出，突出宝殿的高大形象；

③"十"字铺路的横纵比几乎为1：1，方向引导不再像先前那样强烈，而是安宁静谧与开朗豁达的空间感受；

④第四进院落的空间开敞而豁然，东西厢房尺度和体量更大，且东、西、南、北面朝向院落的一侧均有柱廊，院落空间更为空旷明朗；

⑤第二进院落与第四进院落的北侧分别为大雄宝殿与后大殿，两者均位于院子北侧且尺度与体量较东、西、南三个方向的建筑更高大，并且院落前方各植古树两株作为衬托，而大雄宝殿的重檐歇山顶使第二进院落空间略显压迫，月台式的后大殿就使第四进院落空间显得开敞，大雄宝殿前无月台，后大殿前有宽大月台，树的尺度也更大。两者的疏密、高度对比产生了一前一后的空间感受的差异。

4）光线的强弱对比产生了空间感受的变化。后大殿自侧门进入到二层的台阶空间略显阴暗，而二层平台往回俯瞰、小窗往北侧俯瞰，则是光明开朗。

(3) 建筑分析

①山门

山门面宽一间，进深四椽，悬山顶（图4-9）。门前两侧斜出石影壁各一处，悬山顶，各有石座支撑。山门中立两根圆柱木，柱头科斗栱两攒，平身科斗栱三攒，共五攒、七踩三翘，极为华丽。柱间木雕匾额一处，曰"慧日常舒"。这

图4-9 福圣寺山门速写

图4-10 福圣寺大雄宝殿北立面

样华丽的斗栱在村中仅此一处,置于福圣寺入口处,巧夺天工,突显寺院之地位。

②大雄宝殿

大雄宝殿,又名弥陀殿,为寺内的主要建筑,面宽与进深均为5间格局,整体平面呈正方形,重檐歇山顶(图4-10)。建筑下有台基,高约1.7米。墙内立原木柱十二根,柱下置素面覆盆式柱础。柱头科齐全,角科四攒(图4-11),平身科有十二攒。墙身有壁画印记(图4-12),此外,前檐明间为隔扇门,两侧有三扇直棂窗,后檐中间有板门,两侧有四扇直棂窗。

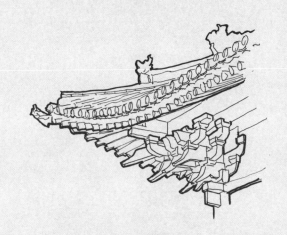

图4-11 福圣寺大雄宝殿屋檐角科速写

殿内有元代彩塑20多尊。中心为坐佛(图4-13),两旁各站一胁侍菩萨(图4-14),东西两侧为明代补塑的四大天王与十六罗汉,塑技俱佳。佛像背墙之后塑有南海观音、善财童子、明王及供养人等彩色悬塑(图4-15、图4-16)。

图4-12 福圣寺大雄宝殿墙身壁画

图4-13 大雄宝殿内部坐佛、菩萨

图4-15 大雄宝殿菩萨尊雕

图4-16 南海观音悬塑墙

图4-14 大雄宝殿菩萨尊雕

如来佛祖佛身金色，盘膝端坐于莲花盆上，体态端庄（图4-17）；两菩萨慈眉善目，面相丰腴，披衣袒胸，手捧玉瓶，头戴花冠，姿态自然；四大天王位列两侧，持国天王身着青袍，手捧琵琶，面色慈善，增长天王身穿青袍，手持宝剑，红颜赤目，广目天王身着红袍，正襟危坐，多闻天王身穿绿袍，手执宝幢，炯炯有神（图4-18）。十六罗汉紧随其后，面色端庄，姿态各异（图4-19、图4-20）。佛像背墙之后的南海观音塑技极为精湛，观音面目清秀，和蔼可亲，体态丰腴，身姿窈窕，优美动人，手持净瓶，脚踏祥云，由神兽托承，由远而近，徐徐飘来。善财童子紧随其旁。凶神恶煞位居两旁，姿态夸张，手持兵器，怒目而视。悬塑采用高浮雕手法塑造出装饰性很强、透视效果突出的海浪纹图案，增强了三维空间感，这种塑造手法在古代雕塑艺术中极为罕见，极为珍贵。

　　③后大殿

　　后大殿面宽七间，进深二间，上下两层。上层为藏经阁，下层为三佛洞，佛洞洞口封护，据新绛县文物部门有关人士介绍，中洞塑释迦牟尼佛与文殊、普贤二菩萨；西洞塑阿弥陀佛与观音、大势至二菩萨；东洞塑药师与日光、月光二菩萨。诸塑像为元明时期塑造，塑工俱佳，造型精美。

图4-17 如来佛祖像

图4-20 佛像神态特写

图4-18。大雄宝殿四大天王与十六罗汉

图4-19 大雄宝殿十六罗汉(部分)

2. 玉皇庙

(1) 概述

玉皇庙,因其庙门上青砖券阁楼顶层外侧悬"会仙楼"匾额,故又名曰"会仙楼"。庙宇位于光村西北。其西北枕着姑射山,南面为北雄山,东面邻光村遗址,东南面为福圣寺。连通村内的路紧沿着福圣寺的西墙,地处高处。此处在风水上象征着玉皇大帝的帝王之位。玉皇庙正对三条道路分叉口,为顺应地形,平面呈栗子形(图4-21)。

玉皇庙始建年代不详,但元代时玉皇庙已经存在。明正德戊寅年(1518年)的《立塑玉帝碑记》记载:"绛阳城北四十里,大聚都光村西北乾□之位,于元远时建立"。

庙内现存建筑主要建筑有四组:门楼院落、玉帝殿、土地殿和三圣殿。明正德戊寅年的《立塑玉帝碑记》记载着玉帝殿建于元代;从大清咸丰辛酉年(1874年)的《重修玉帝庙碑记》可推测出,土地堂于清代前早已存在;而据碑文确定三圣殿建于清代,大清雍正八年(1730年)的《创建三圣殿序》记载:"今建庙于□玉帝庙右,工已告竣日余之功哉,以见神志恩膏,无人而不□神之功果,无人而不顾就也。故述其始天一级成功之乡老□勤石以垂不朽……大清雍正八年二月吉日上石"。

玉皇庙的外墙高耸,显得围合性很强:三层高的阁楼,错落的马头墙,镂空的砖砌,

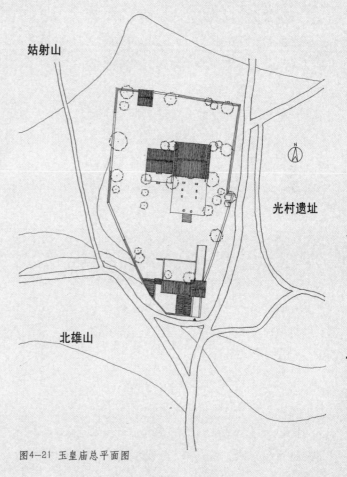

图4-21 玉皇庙总平面图

外墙仅看到三处小窗。但庙宇院落内树木繁茂，鸟语花香（图4-22）。

(2) 总体布局

玉皇庙共三进院落，第一进院落是门楼院，由三层高的门楼和北房、东西厢房围合而成，位于玉皇庙的最南端。该院原用于玉皇庙内祭祀活动准备，现在用于居住；西侧厢房为厨房，东侧厢房用作起居室，北房当作储物间，并与阁楼相连（图4-23）。

入口位于阁楼下方，通过缓坡与第二进院落直接相连（图4-24、图4-25）。第二进院落是玉皇庙的主体院落，其北侧有东西两组建筑，东侧是玉皇庙大殿（又称玉帝殿），其西侧为土地堂，玉皇庙大殿前还有祭祀用月台。惜月台仅剩柱础遗痕，但仍可想象当日之景。正对着玉皇庙大殿是一处戏台，位于院落的南侧，与第一进院落的北房外墙紧邻。寺内碑文记载着村中逢节日在此举办热闹的玉皇庙古会之事："数十年来，每逢正月初九、八月初一、圣诞之期，演戏三天，士妇云集，迎神者鸣钲而击鼓，送驾者锺事以增华。三院轮流共接□神床椅□休哉"（大清咸丰年间《重修玉帝庙碑记》）。

第三进院落仅有三圣殿（也叫三圣宫），居于整个玉皇庙的西北端。

作为一座祭祀性的庙宇建筑，玉皇庙建筑群有着鲜明的特点，它所处的地势造

图4-22 玉皇庙远眺图

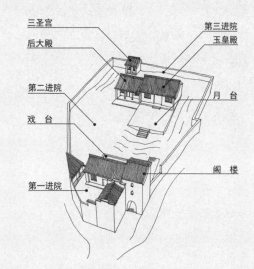

图4-23 玉皇庙透视图

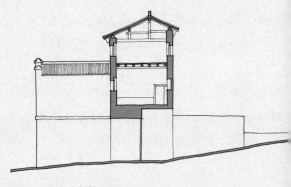

图4-24 玉皇庙阁楼剖面图

图4-25 玉皇庙南面透视图

就了宏伟的外观,合院式的格局却又不同于传统形制,栗子形的院子,散布三个大小等级不同的庙宇,都显示着其特性。整个院落高差错落,空间丰富,仪式性强,核心明确。

整个玉皇庙中玉皇庙大殿处于突出的中心地位,它是尺度最大的一座殿,土地堂体量尺度与其相当,三圣宫则为寺内尺度最小的殿。而玉帝殿前的宽大月台区别了同样处在中心的土地堂,显得最为重要。这跟它所供奉的玉皇大帝的地位是紧密联系的。

(3) 建筑分析

① 玉皇庙大殿

玉皇庙大殿,也称玉帝殿,据大清咸丰年间《重修玉帝庙碑记》记载,现存的建筑建于清代康熙十一年。殿内有玉皇大帝牌位,殿内原有玉帝塑像和左右两侧的将军像,现已不存。大殿悬山顶,面阔三间,其东次间已经坍塌。大殿进深为五架,梁架较为简单,三架梁和五架梁均采用自然曲木,梁上彩绘十分精致,脊檩两侧使用了叉手。大殿前是一个宽大的月台,据清代的碑刻记载,殿前月台原有献亭一所,现仅存部分石础(图4-26~图4-28)。

② 土地堂

土地堂与玉皇庙大殿并列位于第二进院落北侧,紧邻玉皇庙大殿西侧,三间五架,悬

图4-26 大殿南立面

图4-27 玉皇庙大殿内部

图4-28 玉皇庙大殿内部

图4-29 土地堂南立面

山顶（图4-29）。外侧有柱廊，殿内供奉土地神，保佑年年风调雨顺，神像现已不存。现存建筑建于清雍正五年（大清咸丰年间《重修玉帝庙碑记》）。

③三圣殿

三圣殿位于土地堂西北，又名三圣宫，是三座殿中最小的一座，供奉三圣真君（图4-30）。据庙内碑文记载，三圣殿原不在玉皇庙内，起初因修建城垣而将神像移入寺内，后又因修寺神像移至观音堂，至清雍正年间，村人合力于玉皇庙内建三圣殿专祀："前人建庙于城之西北，以表处事之心。后

图4-30 三圣殿

因筑城移□神与寺内，后因修寺又□神于观音堂中。乡支付老善人焚香拜礼，无殊于前……伸向会集合生众善人等"（清雍正八年《创建三圣殿序》）。现存建筑建于清雍正五年（公元1727年），面阔一间，进深三架，硬山顶，建筑与光村居民的厢房样式类似，前檐低后檐高，两脊檩下中柱插入墙内，殿内梁架均为自然弯曲木材，且用料较小。

三、宗祠建筑

1. 蔺家祠堂

（1）概述

蔺家祠堂本有三座，惜两处均已毁，今只存一座较完好的，位于光村东南门继照门内，中巷东侧，占地约340平方米，现已用作居民住宅（图4-31）。

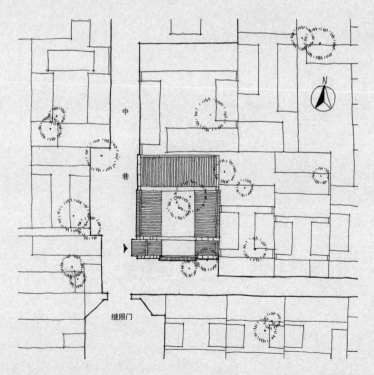

图4-31 蔺家祠堂总平面图

（2）总体布局

蔺家祠堂原为二进院落，两组院落之间原有砖砌围墙隔离，今已残破，变为一进院落。祠堂西侧开门，门楼朝西，这与村内大多民居门朝东南有所不同，大体因为西面中巷为主要人行的道路（图4-32～图4-34）。

第一进院落位于南面，呈东西长南北短的矩形空间，后院之间的砖砌隔墙如今只能看到残迹。南墙有一处影壁，如今已不能识别上面的图案。一进院落南北墙为马头墙，层层错落，造型优美。

第二进院落是整个祠堂的主要院落，东西厢房，与北面正房三面围合。如今正房只剩下基地遗址，屋顶及门窗均已不存，但仍可从东西侧墙看见屋顶遗留的痕迹（图4-35）。

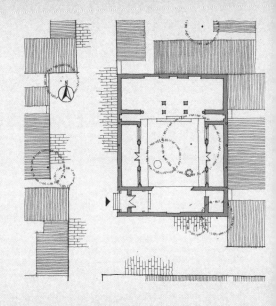

图4-32 蔺家祠堂平面图

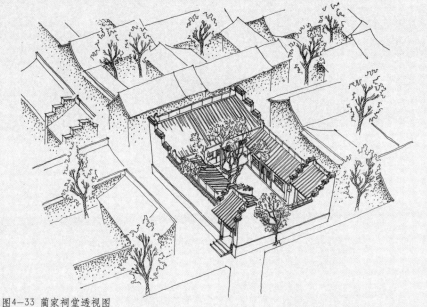

图4-33 蔺家祠堂透视图

图4-34 蔺家祠堂门楼立面　　图4-35 蔺家祠堂第二进院落

（3）建筑分析

①门楼

门楼装饰极为精致，面宽一间，进深两椽，悬山顶。立柱为圆木柱两根，紧贴砖墙，下置八角石纹柱础，柱上斗栱精致华丽，其花梁上有"冠、带、榴、船"木雕，意为"贯代流传"之意，门上石雕匾额，名曰"佑启"，体现出强烈的宗族传统意识与文化习俗。门楼前四级石阶，门与柱间形成一处灰空间，尺度宜人。

②东西厢房

西厢房的墙面、铺地、门窗都经过了改造，其余建筑部分较为完整（图4-36）。东西厢房均为两层，面阔三间，进深两架，单坡屋顶，上部梁架较为完整。厢房的门窗虽经过改造，但空间大致格局仍然延续原有样式，厢房样式比较特殊，它没有划分为左右两间各开一门，只是在中央单设一门。

③正房

正房原为蔺家祠堂最重要的房间，供奉先祖牌位，举办婚嫁丧事、商议宗族事务，举行宴会等（图4-37）。如今的正房已被拆除，但北墙上仍可看见放置先祖牌位的三处壁龛。从地面上残余的柱础还可以判断出其面阔五间。

图4-36 蔺家祠堂东厢房

图4-37 蔺家祠堂原正房遗址

2.薛家祠堂

（1）概述

村中薛家祠堂仅有一处，格局保存较完好，但经过部分翻新。祠堂位于光村内定臣巷，占地约160平方米，现仍作为薛家祠堂（图4-38）。

（2）总体布局

由于薛家祠堂南侧是一条斜巷，因而使得祠堂的用地，呈东侧比西侧长的梯形。薛家祠堂为典型的三合院，只有一进院落，院落呈南北长东西窄的矩形。院落由东、西厢房与北房，以及南侧高起的马头墙和门楼围合而成。门楼位于院落南侧中央，朝南开门，进入门楼后有影壁一处。整体格局呈南北中轴对称布置（图4-39、图4-40）。

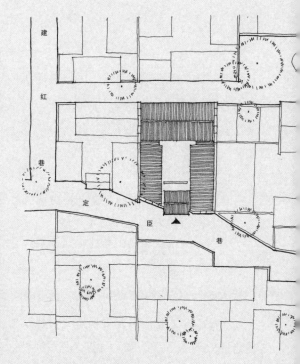

图4-38 薛家祠堂总平面图

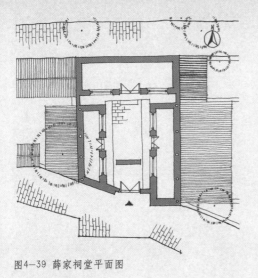

图4-39 薛家祠堂平面图

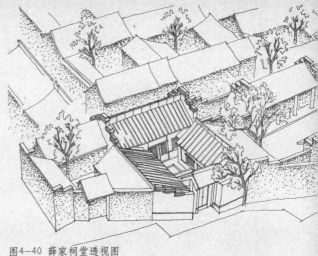

图4-40 薛家祠堂透视图

(3) 建筑分析

① 门楼

门楼装饰较蔺家祠堂来说较为朴实，面宽一间。立柱为圆木柱两根，紧贴砖墙，下置方柱础，也较为简朴。门上石雕匾额，名曰"合齐"。门楼前仅有门槛一踏，屋顶挑出形成一处灰空间，尺度较为亲切（图4-41）。

② 东西厢房

由于呼应斜街，东厢房面阔较西厢房更大，现祠堂厢房已经过翻新，但仍可看出东西厢房均面阔三间，一层高，由于东西斗侧紧挨邻院，屋顶均为单坡（图4-42）。

③ 北房

北房为薛家祠堂供奉先祖牌位，举办婚嫁丧事等活动最重要的建筑，面阔三间，进深四架，东西侧为五跌落马头墙。与蔺家祠堂不同，其正房屋顶为双坡顶。

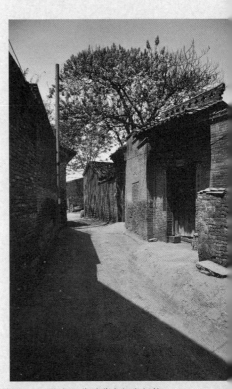

图4-41 从定臣巷看薛家祠堂门楼

图4-42 从四串院看薛家祠堂西厢

3.王氏祠堂

王氏祠堂位于光村北面，青元巷与恒安巷交叉口东南面，该院原是王氏家族的自家祠堂，现用作居民用房，与东侧宅院打通（图4-43、图4-45）。该祠堂入口朝西，尺度体量较小，只有一进院落，院落呈东西长南北短的矩形空间，相当狭窄（图4-44）。院落南北两侧各有一建筑，南侧倒座原应为香火物品储存之地，门窗均保存完好，如今用作储粮房（图4-46）。正房已无门窗，前廊是一处灰空间，室内原应为供奉先祖牌位之地（图4-47）。

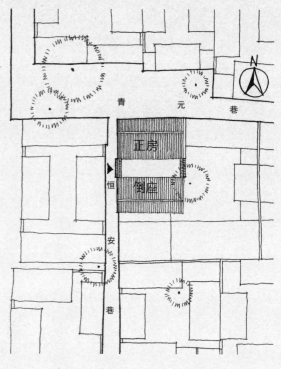

图4-43 王家祠堂总平面图

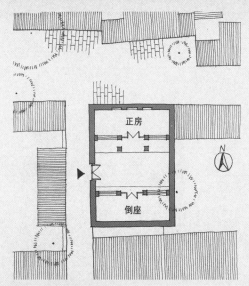

图4-44 王家祠堂平面图

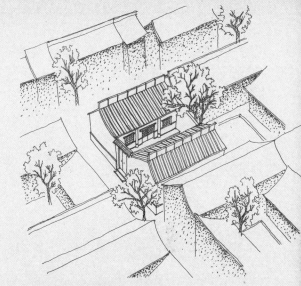

图4-45 王家祠堂透视图

图4-46 王家祠堂南房

图4-47 王家祠堂北房

蔺、薛、王三处祠堂相比较，各有异同：

①从院落大小来比较，蔺家祠堂院落格局为两进，薛家祠堂与王氏祠堂为一进。

②从开门朝向来比较，蔺家与王家皆西侧开门，分别紧邻中巷和恒安巷，而薛家祠堂朝南侧开门，紧邻定臣巷，赵家祠堂往东侧开门，紧邻通天街。这种异同是由于三者所处的位置不同而产生的，都是朝主要街道设入口。

③从入口的装饰来比较，蔺家祠堂的入口装饰较为华丽，而薛家祠堂入口较为朴实，王家祠堂的入口则最为简单，毫无修饰。

④从入口在院落中的位置来比较，蔺家祠堂的入口位于西侧角落，较偏，而薛家祠堂与王家祠堂的入口都居中。

⑤从空间序列来比较，蔺家祠堂的入口到主要院落的过渡性更强，由灰空间——第一进院落——主要院落，薛家祠堂过渡性稍弱，但也有照壁遮挡，而王家祠堂从入口直接进入到主要院落，没有过渡。

⑥从建筑布局来比较，王氏祠堂的正房、倒房位于南北两侧，而两座蔺家祠堂与薛家祠堂的正房、厢房则位于东西北三侧，院落也更加宽敞，采光性更好，而王家祠堂空间略显狭窄，几乎没有什么采光。

⑦从屋顶形制来比较，王家祠堂南北房均为双坡屋顶，薛家祠堂北房为双坡屋顶，东西厢房为单坡屋顶，而蔺家祠堂则正房、东西厢房均为单坡屋顶。

光村古村落装饰艺术
ZHUANGSHI YISHU

第二章

光村中传统建筑的装饰内容丰富，构件多样，其中瓦作装饰构件有屋脊、吻兽、瓦当、滴水；木作有斗栱、花板、门窗等；砖石装饰构件有门枕、柱础、阶石等。其中皆有精绝之作，处处体现着当地工匠的非凡智慧与精湛技艺，寄托着宅主人对家宅的深情厚爱。

光村中常见的装饰内容有花草、鸟兽、人物、博古器物和文字。它们或单独成图，或多种图案加以组合。组合的方式有两种，一种是较为传统的装饰纹样，其中各个装饰图案名称取谐音可以组成吉祥语。另一种则并不拘泥，各种装饰图案杂烩在一起。村中最多可见十余种图案集于一处建筑构件，且各图案间并无明确的逻辑关系。这种组合以构件华丽美观的装饰效果为重点，寓意则似乎是图案越多越吉祥。

一、屋脊与吻兽装饰艺术

光村传统民居中的屋脊装饰可以说是宅院内的艺术。由于空间高宽比的限制，很难在村中东西向街道中看到屋脊，只有在宅院内以及两条主巷上才能欣赏得到。光村屋脊装饰以正脊为主，由于多数正房山墙以马头墙的形式高出屋面，故无垂脊。寺庙建筑中垂脊也做装饰，且配以吻兽。屋脊装饰的题材多为植物，其中莲花、牡丹花、菊花、卷草纹较为常见。

蔺氏6号院的屋脊装饰为典型的光村传统民居（图5-1）。其图案由莲花与牡丹花左右相连，横向延伸，形成带状，旁边辅以卷草陪衬，花与草高低错落，主次分明。牡丹花呈盛开之势，寓意富贵繁荣，莲花欲随风摇摆，象征坚贞纯净。蔺家祠堂门楼屋脊上同为典型的牡丹-莲花纹样，只花朵形态稍有不同（图5-2）。

光村西北角一处民居屋脊饰以卷草纹[1]，构图主体为波浪形的藤蔓，其上下皆以枝叶填充，尽显阴柔之美。图案上缘有如意纹依次排开，增添了其吉祥寓意（图5-3）。

蔺家祠堂厢房正脊为菊花浅雕图案，花瓣展开两层，枝条弯曲绵延，将菊花穿成一幅长卷。菊花与梅、兰、竹并称花中"四君子"，它在深秋开放，不畏寒霜，象征傲骨与雅致（图5-4）。

---

[1] 卷草纹是由随佛教传入的外来植物叶状纹样与中国传统植物纹样相结合而产生的一种程式化植物纹样，常组成连续带状作为边饰之用。

图5-1 蔺氏6号院厢房正脊

图5-2 蔺家祠堂门楼正脊

图5-3 光村西北角一处民居屋脊

图5-4 蔺家祠堂厢房正脊

　　寺庙建筑屋脊中除莲花、菊花、牡丹与卷草外，还可看到宝相花、骏马、神龙、宝塔等装饰题材。福胜寺小山门屋脊上雕有宝相花（图5-5）。宝相花由莲花演变而来，又综合了牡丹花、菊花等诸多花卉的特点，最早用于佛教建筑装饰中，后逐渐流传于民间。其造型雍容饱满，花瓣层叠繁复，颇具动感。

　　玉皇庙中玉皇殿正脊中央立一座2层陶楼，两侧有吻兽拱卫，再向外可见盛开的菊花、莲花以及奔腾的骏马（图5-6）。此屋脊为少见的陶红色砖脊，其雕刻精巧细致，可见陶楼檐下的斗栱细部。只可惜屋脊已有部分损毁。玉皇殿用以供奉玉皇大帝，由此推测屋脊

图5-5 福胜寺小山门屋脊

图5-6 玉皇庙中玉皇殿正脊

装饰意在描绘天宫中繁花盛开、骏马奔腾的景象,以求得天帝、神龙的佑护。

吻兽出于构造需要,将它置于屋顶两坡瓦垄交汇处来防止雨水渗漏。它又兼具装饰功能与辟邪的寓意。光村中福胜寺各大殿正脊上鸱吻头多向内望,张口吞脊。而吻兽在民居中则又有变形,多只剩龙头而不见鱼尾,且头面向屋脊两侧,微向上扬,呈仰天远望之势。

福胜寺后殿正吻为鸱吻变形,屋脊内侧仍是龙头吞脊,外侧则另加一只幼仔仰眺远方(图5-7)。鸱吻上卷的鱼尾也经变形成一只昂头挺胸的小兽。这三只鸱吻的组合造型错落奇特,气势非凡。

福胜寺山门正脊鸱吻的鱼尾上扬卷起，较为符合鸱吻原型（图5-8）。其鱼尾鳞片与下颚胡须纹理清晰可见，背上插一宝剑，相传为宋代"神功妙济真君"许逊曾用的剑。宝剑本身即可辟邪，用其将鸱吻插在屋脊端头又可防止它逃跑。赵家十八院中舞台正脊吻兽则多了几分憨态，没有锐利的尖牙也没有横眉怒目，它的轮廓线条都是那么圆润饱满，竟让鸱吻也有了些慈蔼的面目（图5-9）。

　　福胜寺中垂脊吻兽与民居正吻则多为面向外侧的"望兽"，它们造型多样，有的将口大张，呈鸣叫或吞咬的姿态，头后须髯上扬有如怒气冲冠（图5-10）。有的则嘴角上扬，如在闭口微笑，造型稳重，神色安详。

　　赵家十八院过厅垂脊上望兽雕刻得更加细致，自其鼻上挑出两根长长的胡须，龙头两侧鬃卷随风后摆，头后须髯向上扬起，龙颈上的鳞片清晰自然，几缕须髯如卷云挂在颈间，又如绸带向后拂去（图5-13）。蔺氏宅院5号院厢房正吻被前面的高墙挡住了视线，因为它处在厢房正脊与马头墙的交汇处。虽威严大减，却装饰了有高差的转角，为街道立面带来了丰富的变化（图5-14）。

图5-7 福胜寺后殿正吻

山 | 西 | 古 | 村 | 镇 | 系 | 列 | 丛 | 书

光村 古村

图5-8 福胜寺山门正吻

图5-9 赵家十八院中舞台正吻

图5-10 福胜寺山门影壁正吻

图5-11 赵氏1号院牌坊吻兽

图5-12 光村西北角一处民居正吻

图5-13 赵家十八院过厅垂脊吻兽

图5-14 蔺氏5号院厢房正吻

二、瓦当与滴水装饰艺术

光村传统建筑中绝大多数屋顶覆以盖瓦。盖瓦扣于两行仰瓦之上,由屋脊向下依次排开,至屋檐处瓦头向外挑出以便排水。瓦当、滴水分别为盖瓦与仰瓦瓦头。它们间隔排列,形成一条波浪状向前延伸的轮廓线。

光村中现有民居大多于清朝建造,故所见瓦当多为兽面形式[1]。兽面表情共计十余种,其中有喜有怒。蔺根生宅厢房瓦当中兽面表情喜怒掺杂,瓦当的图案内容与排列方式似乎没有规律。滴水以波浪曲线饰边,中央图案为蝙蝠展翅,翅膀经过美化,如云朵般浮于空中。蝙蝠中"蝠"与"福"谐音,寄托着人们对家庭幸福安康的美好希望(图5-15)。

图5-15 蔺根生宅厢房瓦当滴水

---

[1] 瓦当最早产生于西周,于秦汉时期最为丰富,魏晋南北朝时随着佛教的传入莲花瓦当兽面瓦当逐渐增多,进入明清以后瓦当发展停滞下来,绝大多数为兽面瓦当。

山｜西｜古｜村｜镇｜系｜列｜丛｜书

图5-16 蔺根生宅耳房瓦当滴水

图5-17 福胜寺第二进院配殿瓦当　　　　　图5-18 福胜寺大雄宝殿瓦当

　　蔺根生宅耳房瓦当上兽面表情生动丰富，它们没有秦汉"四灵瓦"那么写意、空灵，也没有六朝瓦当兽面纹的茁实、硬朗，却透着一点稚嫩和几分可爱。兽面外侧置半圈或一圈圆钉作为装饰，使构图更加完整，又似猛兽颈间卷鬃的抽象刻画（图5-16）。滴水上是口中衔环的虎头，其轮廓线条柔软自由，面部刻画凹凸有致。虎被誉为百兽之王，虎头衔环常被用做大门的铺首，以守宅避灾。此处虎头滴水也取其避祸求福之意。

　　福胜寺修建于元明，屋面的瓦当兽面与清代民居中的相比，更加端庄稳重。福胜寺第二进院配殿瓦当上兽面即使张口露出獠牙也并无威猛逼人的气势，与蔺根生宅中怒面瓦当形成鲜明对比（图5-17）。福胜寺大雄宝殿上瓦当兽面分别为虎头与猴头（图5-18）。虎面额头上"王"字与猴面上毛发的纹理皆以直线刻画，兽面上曲线也采用较规则的圆弧。瓦当整体构图大气简洁，可窥见六朝瓦当之风。

三、斗栱装饰艺术

　　斗栱是中国传统建筑中用来承托屋顶出檐的大木作组合构件。光村中斗栱形式可按是否出踩分为两种。绝大多数民居中采用不出踩斗栱，如赵氏2号院厢房斗栱。出踩斗栱可见于寺庙建筑檐下以及大户人家的宅院门楼之上，如赵氏1号院门楼上斗栱。

不出踩的斗栱无升，栱也加以变形，配以丰富的雕刻，成为梁头两侧的花板，几乎失去了承重作用。赵氏2号院中厢房两例斗栱均雕刻精细（图5-19）。第一例斗栱中"栱"为两株莲花，其形态立体，茎叶分明，层次清晰。坐斗槽口下一只羊横跨于两侧石堆上，姿态矫捷雄健，如用头顶起出挑的梁头。羊与"祥"谐音，寓意吉祥。羊两侧以卷云、如意及一株菊花装饰。菊花与莲花被认为是清雅高洁的花木，象征着宅院主人高尚的品德情操。第二例斗栱中，坐斗正中为一株开放的菊花，两片叶子分饰两侧，栱处则为两株侧向生长的牡丹，其构图与前例极其相似，寓意富贵吉祥。

将花朵雕刻于坐斗正中是光村中常见的斗栱装饰手法。蔺氏3号院厢房斗栱中坐斗处为一绽放的牡丹，"栱"处则为卷草纹包裹着莲花。莲花又称"芙蓉"，此处与牡丹并用取荣华富贵之意（图5-20）。蔺氏6号院正房上这例斗栱中以莲花饰斗，槽口处莲蓬刻画精细似托住梁底。"栱"处饰以锦鸡与牡丹，锦鸡有着华丽的羽毛，与雍容的牡丹搭配，同为荣华富贵之意，是常见的装饰组合（图5-21）。蔺氏1号院厢房这例斗栱中，以牡丹饰斗，包裹着梁头，"栱"处两株菊花，花与叶形成了别样的波浪状轮廓（图5-22）。

光村传统建筑中也有以动物题材装饰坐斗的案例。蔺氏1号院厢房斗栱中，坐斗下有水纹，上有云纹，中间一匹骏马腾于海天之间（图5-23）。马有"马到成功"之意，被认为是祥瑞之兽。两株牡丹分饰坐斗两侧，寓意富贵吉祥。蔺太昌门楼上这例斗栱中，坐斗处为两只麒麟（图5-24）。《礼记》中有："麟凤龟龙，谓之四灵。"《春秋公羊传》中又

图5-19 赵氏2号院厢房斗栱

图5-20 蔺氏3号院厢房斗栱

图5-21 蔺氏6号院正房斗栱

图5-22 蔺氏1号院厢房斗栱

图5-23 蔺氏1号院厢房斗栱

提到"麟者，仁兽也。有王者则至，无王者则不至。"可见麒麟为灵兽，象征天下太平、福禄。坐斗两侧各一株牡丹，花瓣层叠反复，枝叶间藏着两只喜鹊。喜鹊是报喜之鸟，"喜鹊登枝"即为好事将到。

蔺根生宅院正房斗栱中，倒飞的蝙蝠是坐斗的主体装饰，边上辅以卷云纹。蝙蝠的"蝠"字与"福"同音，倒飞的蝙蝠意为"福到"则更有纳福之意（图5-25）。坐斗两侧各有一只侧飞的蝙蝠，再旁则是两条蟠螭驾凌云端回首相望。赵家十八院二门楼檐下有斗无栱，斗上装饰均为"福到"题材，一配以水纹，一则配以云纹（图5-26）。

出踩斗栱在光村传统民居建筑中很少见，只在赵氏1号院与蔺家祠堂门楼上得以见到。赵氏1号门楼上为七踩三翘砖雕斗栱。虽无实际承重作用却有5攒之多，攒挡很小，排布密集，突显宅主的地位与权势（图5-27）。蔺家祠堂门楼上有两攒头翘三踩斗栱，坐斗以盛开的牡丹饰底，旁为两小株牡丹含苞待放，曲茎向中央轻摆（图5-28）。坐斗两侧为卷草纹样，叶间又有小小的花蕾露出。檐桁下横栱左侧向左延伸的花板，上面有腾云的蟠螭，右侧是一条草龙。此例斗栱中横栱皆不承重，且为非对称图形，可见清代民间多样的斗栱装饰手法。

福胜寺山门上同为五攒七踩三翘斗栱（图5-29）。福胜寺大雄宝殿上柱头科为单翘单昂斗栱，角科则更为复杂，共有八昂挑出，无雕刻装饰，尽显结构之美（图5-30、图5-31）。

图5-24 蔺太昌门楼斗栱

图5-25 蔺根生宅正房斗栱

图5-26 赵家十八院二门楼斗栱

图5-27 赵氏1号院门楼斗栱　　　　　　　　　　图5-28 蔺家祠堂门楼斗栱

图5-29 福胜寺山门斗栱

图5-30 福胜寺大雄宝殿柱头科斗栱　　　　　　　图5-31 福胜寺大雄宝殿角科斗栱

四、花板装饰艺术

雕花的木板即花板，它无结构作用，是纯粹的装饰构件。光村的装饰艺术遗存中，花板的装饰内容最为丰富。光村中花板可按其位置分为梁下花板与梁头花板两种。梁下花板图案多为左右对称，包含丰富的装饰内容，动物、植物、器物、文字类都有所涉及。梁头花板图案则较为单一，多为草龙纹样。

光村中梁下花板纹样可分两种，一种一气呵成，整体成构成一条长卷。另一种则有多个节点作重点装饰，可区分出主景与背景（图5-32）。薛氏4号院正房梁下花板即为第一种的典型案例（图5-33）。正中为倒飞蝙蝠，寓意"福到"。两侧是蜿蜒的藤蔓，其上挂着一颗颗石榴。石榴多子，象征着多子多福儿孙满堂。

薛氏1号院门楼上梁下花板图案不拘泥于常见的搭配（图5-34）。它以一朵盛开牡丹为中心，两侧又有小株牡丹、兰花与莲花，它们由卷草纹包裹串接，卷草的近端有一凤头曲颈回首望向中央。兰花为"四君子"之一，孔子以兰作比："芷兰生幽谷，不以无人而不

图5-32 光村中两种花板形式

图5-33 薛氏4号院正房梁下花板

图5-34 薛氏1号院门楼梁下花板

图5-35 赵氏1号院倒座花板

芳,君子修道立德,不为穷困而改节。"故兰花常代表君子的节气操守。芙蓉与牡丹即为"荣华"之意。凤凰出现本有风调雨顺、国泰民安之意,又因其"百鸟之王"的称谓象征着地位尊贵、平安吉祥。

赵氏1号院倒座花板以五个圆环等分成四部分,布局左右对称。中间圆环上为倒飞蝙蝠,取其"福到"之意。相邻的圆环中有一对草龙，龙头相对，仰天长鸣。最旁圆环里是"寿"字，其拐点均饰卷纹，与花板整体风格保持一致。各个圆环之间饰以拐子龙[1]（图5-35）。

蔺根生宅院正房骑门梁下花板整体构图与上例相同。其中重点装饰图案为五对蝴蝶。蝴蝶有三种不同姿态：或展翅或叠翅，或左右相对，或上下相向，造型生动多变。每对蝴蝶均以卷草纹饰边（图5-36）。两对蝴蝶之间饰以拐子龙，其形态交错复杂，常用作大面积背景纹样。蝴蝶的"蝶"字与"耋"同音，"耋"字古指七八十岁的年纪。故以蝴蝶装饰寓意长寿健康。

构图相同的还有蔺家祠堂门楼梁下花板，花板上以五个圆环为装饰重点（图5-37）。中间的圆环内刻有"喜鹊登枝"的图案。其余四个圆环内的主体图案从右到左分别为童子持冠帽、携玉带、捧石榴、泛轻舟。其中"冠"与"官"、"带"与"代"、"榴"与"流"、"船"与"传"同音，即组成词语"官代流传"，寓意功勋、官爵能代代相传，与宗族祠堂的建筑性质相契合。圆环内图案的背景装饰不尽相同，有兰花、梅花以及祥云。圆环之间均饰以兰花，以表君子气节。

薛氏4号院正房梁头花板可分为上下两块，下面一块竖直放置，上面一块则稍向前倾，人们能更好地欣赏到花板正面图案（图5-38）。花板左右各有五条草龙，龙身曲折萦回，彼此交错缠绕，产生遮挡关系，形如民间剪纸，虚实皆可成图。梁头也经过精雕细琢，与梁头花板形成一个立体的装饰节点。

图5-36 蔺根生宅院正房骑门梁下花板

图5-37 蔺家祠堂门楼梁下花板

---

1 草龙——龙头，身为卷草
　拐子龙——龙头，身为回纹

图5-38 薛氏4号院正房梁头花板

图5-39 薛氏4号院厢房梁头花板

薛氏4号院厢房梁头花板与前例风格统一。一对拐子龙为装饰主体，龙身上又配以卷草纹，龙与草一直一曲，一刚一柔，龙身时而在前时而在后，由此反反复复便形成华丽的装饰效果。远观其凹凸有致，虚实结合，而近观又有无穷变化（图5-39）。

五、柁墩装饰艺术

柁墩位于上下两层梁枋之间，它的功能是将上面的重量传到下面梁枋上[1]。赵氏1号院厢房上这两例柁墩皆以植物为装饰主体，分别雕刻着"蝶拥盛菊"与"梅竹二君子"（图5-40）。"蝶"、"耋"谐音，指年老。菊临风霜而不凋，象征生命的顽强与坚韧。蝶拥盛菊，则表达出愿家中老人健康长寿的美好希望。"梅竹二君子"象征着宅院主人高洁的品德情操。

薛氏4号院厢房中这三例花板处于柁墩的位置，但并无承重作用。它们皆以两条相对草龙为装饰背景，草龙中间分别饰有柿子、古鼎与蟠桃（图5-41）。"柿"与"事"同音，象征事事如意。古鼎为博古器物之一，代表宅院主人学识渊博、爱好高雅。蟠桃寓意长寿。三者皆以博古器物承托，构图十分美观雅致。

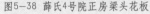

[1] 楼庆西著，雕梁画栋，清华大学出版社。

图5-40 赵氏1号院厢房柁墩　　　　图5-41 薛氏4号院厢房柁墩

六、门枕装饰艺术

　　门枕石位于大门两侧门框的下方，用以固定门轴、平衡门扇的重量。光村中大户人家门楼处门枕雕刻最为精美，院内门枕多为普通的立方体，其表面上有线雕，经过岁月打磨大多分辨不出图案。

　　赵氏1号院门楼处这对门枕石上是蹲坐的石狮，下部为须弥座。石狮的卷鬃毛发刻画得细致入微，身上皆有绶带装饰。两只石狮姿势统一，细部却略有不同。西侧石狮身背绣球，脚踩一只小狮子（图5-42）。东侧石狮则相反，脚踩绣球，身背幼狮（图5-43）。两只狮子身子向中间微转，似在守宅，更似迎宾。"狮"与"师"同音，大小狮子组合即取"太师少师"之意，即希望子承父业，家族的财富与事业得以传承。须弥座上下枋均饰以回纹，正面束腰中雕有小狮子，侧面束腰中雕一麒麟（图5-44）。

　　南当铺院门楼处这例门枕与上例极为相似（图5-45）。狮身均为向内微转，呈"太师少师"与"狮子滚绣球"这两种形式。须弥座正面束腰中雕有鹿，侧面则为骏马。"鹿"与

图5-42 赵氏1号院院门西侧门枕　　图5-43 赵氏1号院院门东侧门枕

图5-44 赵氏1号院门楼门枕须弥座束腰中麒麟　　图5-45 南当铺院门楼门枕

图5-46 蔺太昌门楼门枕　　图5-47 蔺根生宅厢房门枕

"禄"谐音,寓意福禄吉祥。马即有"马到成功"之意。

蔺太昌门楼这例门枕下方是方形石座,可见线雕花纹。其上又有一几状石座承托着圆形石鼓。皮鼓钉清晰可见,鼓面上似有莲花图案,鼓肚上也有线雕装饰,其上趴伏着一只小兽(图5—46)。

蔺根生宅厢房这两例门枕石均以线雕装饰,呈"鹿衔如意"与"一路连科"两幅图案。第一例中"鹿"、"禄"同音,鹿口中如意形似灵芝。灵芝被称作"仙草",能够延年益寿。灵芝形如意则寓意长寿吉祥。整个图案禄、寿这两种寓意包含其中。第二例中,一只鹭立于莲花池上,"鹭"、"路"同音,"莲""连"同音,寓意"一路连科",即顺利考取功名(图5—47)。

七、柱础装饰艺术

柱础位于柱子下端,用于承托柱子并将荷载传至地面,还可使柱子免受地面潮湿侵损。光村中柱础可分为单一石座型与组合型。单一石座型柱础中可见圆鼓形柱础、八边形柱础、陶罐形柱础(图5—48、图5—49)。组合型中可见罐形与六边形石座的组合,以及圆鼓形与须弥座的组合。薛氏4号院正房柱础形似陶罐,圆形图案分居东、南、西、北四面,图案以寿字居中,草龙与卷草纹围绕周边。

图5—48 福胜寺后殿藏经阁与蔺家祠堂门楼柱础

图5-49 薛氏4号院正房柱础

　　赵家大厅院后院厢房柱础上部为罐形，下部为六边形石座。罐肚上四个图案分居四面。南北向为狮头，其口中衔环，表情冷峻、气势逼人（图5-50、图5-51）。狮子威猛雄健是辟邪镇宅的瑞兽。东西向是展翅的仙鹤。仙鹤是长寿的灵禽又有着高雅脱俗的气质，寓意着健康长寿，又象征宅院主人的志向高远。

　　南当铺院门楼柱础由须弥座和圆鼓组合而成（图5-52）。须弥座平面为正方形，沿四面下垂的方巾呈精致的三角形。其上雕有梅花与芦苇，寓意坚强的品格与高洁的操守。圆鼓上雕有宝相花。圆鼓与须弥座间四头小狮昂头望向四周，它们脚下还踩着绣球的绸带，造型活泼，喜气洋洋。

　　赵家十八院舞台柱础是光村柱础中装饰最为繁复的一例。它由须弥座和圆鼓两部分组成（图5-53、图5-54）。须弥座上枋、束腰平面均为八边形，下枋则为圆形，方圆交接浑然一体。下枭上有八只线雕的倒飞蝙蝠，束腰中四只高雕表现的小狮子与四条浮雕草龙间隔排列。上枋雕有石榴与蟠桃，寓意多寿多子。须弥座上方又有八只小狮子，其形态动作多种多样，丰富生动。有的狮子叼着绣球的绸带玩耍、有的则咬起了自己的尾巴，还有的仰头向后，用脚搔着耳朵。圆鼓上装饰内容更加丰富，有麒麟逐日、骏马、牡丹花、莲花、葫芦、画卷。画卷是文人喜爱的雅致之物，象征宅主人学识渊博。葫芦是铁拐李持有的宝物，属道教八宝之一，可救济众生。其余图案则有荣华富贵、马到成功、平安吉祥之意。

图5-50 赵氏1号院厢房柱础

图5-51 赵家大厅院后院厢房柱础上狮面

图5-52 南当铺院门楼柱础

图5-53 赵家十八院过厅柱础

图5-54 赵家十八院过厅柱础展开图

八、台阶条石装饰艺术

光村民居中房屋台明与院落有两步高差，故在院落四边各置一条石台阶以供人们上下。由于常被人踩踏，装饰集中在阶石踢面上。蔺氏4号院东院这例阶石形式新颖，底边有两道圆弧，部分架空，形成两道拱以承担荷载（图5-55）。不仅造型美观轻巧，而且符合力学规律。

赵家十八院阶石中央是一头牛在树荫下休憩，两侧共有四只骏马，其形态各异，有的安卧于石堆上，有的回首而望，还有的躺在地上打滚，马蹄似在蹬踹（图5-56）。

赵氏1号院中有两例图案不同的阶石，第一例阶石上雕有祥云，描绘空中之境。几只仙鹤口衔蟠桃展翅翱翔（图5-57）。鹤是长寿之鸟，蟠桃可使人长生不老，此处即寓意健康长寿。另一例阶石以回纹大面积铺设，图案绵延不绝。

图5-55 蔺氏4号院东院阶石

图5-56 赵家十八院阶石

图5-57 赵氏1号院阶石

九、门钹装饰艺术

门钹一般安装在两扇板门门高的三分之二处，呈对称布置。其中部凸出，连接叩门的圆环，轮廓多为几何形或花瓣纹。门钹装饰简洁，又称"素面的铺首"。光村中较朴素的门钹以方、圆构图（图5-58），更为讲究并且常见的则为六瓣或八瓣如意纹样式（图5-59）。

蔺氏4号院院门门钹以两片铁饰拼合成一完整图形，门闩门环皆在其上，一气呵成（图5-60）。薛氏4号院及赵氏1号院院门上门钹中部凸出部分被刻画成兽头，小兽口中衔环，十分生动（图5-61、图5-62）。另一处民居院门上门钹如层层开放的莲花，形态错杂叠落（图5-63）。

图5-58 村中矩形门钹

图5-59 六瓣及八瓣如意门钹

图5-60 蔺氏4号院宅门门钹

图5-61 赵氏1号院宅门门钹　　图5-62 薛氏4号院门门钹　　图5-63 某民居院门门钹

十、匾额装饰艺术

光村中匾额多为矩形砖雕,嵌于院门及宅门之上。匾额上的文字常有吉祥寓意,还体现着宅院主人的文化素养与爱好。

蔺家祠堂门楼上匾额上有"佑启"二字,为佑助启发之意(图5-64)[1]。文字外侧可见线雕回纹边饰,再向外又有六条浅雕拐子龙围出匾额外框。院中两处宅门上匾额文字分别为"余庆""翰林"(图5-65)。"余"意为无穷无尽,"余庆"象征福气不断。"翰林"是官职名,指皇帝的文学侍从官,又指文人聚集之地。从中可看出宅院主人学识渊博。

蔺氏宅院2号院院门上匾额上文字为"履而泰"。孔子所撰的《易传》中《序卦传》有云:"履而泰,然后安",意为确立礼制,民众守礼不逾,而后得到安定。蔺氏4号院东院宅门匾额"衍三多"意为福多、寿多、子多,寓意幸福安康,长命百岁,儿孙满堂(图5-66)。

图5-64 蔺家祠堂门楼上匾额"佑启"

---

1 《孟子·滕文公下》:"《书》曰:'丕显哉,文王谟!丕承者,武王烈!佑启我后人,咸以正无缺。'"

图5-65 蔺家祠堂院中宅门上匾额"余庆"、"翰林"

图5-66 蔺氏2号院与蔺氏4号院院门上匾额"履而泰"、"衍三多"

  薛氏4号院门楼上匾额也有浅雕外框（图5-67）。外框四角与上下两边中点处共有6只蝙蝠，蝙蝠均面向匾额中心，呈展翅姿态。各边则由拐子龙纹装饰。匾额中"安厥止"意为"安居"，即希望家族有着安定的生活[1]。院内宅门上还有两处匾额，上面文字分别为"耕读两般堪教子，勤俭二事可传家"和"创业勿忘先世德，守成惟望后人贤"。从中可见耕田以立性命，读书以立品德的思想，以及宅院主人对后人继承家业勿忘先祖的厚望（图5-68）。

  赵氏1号院院门上匾额上文字为"怀永图"。《尚书·太甲上》中有："慎乃俭德，惟怀永图。"其意为：谨慎是内敛的修养，而心中永怀宏图之志。通过此匾就能看出宅主高远的志向、广阔的胸怀。同院另一处院门上有"乐善"二字，即鼓励人们多做善

---

[1] 清康熙十九年（1680年）刊《天界觉浪盛禅师全录（卷十六至卷二十）》中有"……使农知所以耕，工知所以制商知所以货，百姓知所以能各安厥止……"

事，乐善好施（图5-69）。赵大货院宅门上匾额有"丰裕"二字，即求丰收富裕（图5-70）。

"迎祥"、"瑞气凝"都是较直白的吉祥话，它们出现在两处民居宅门上。"瑞气"即吉祥之气，"瑞气凝"与"迎祥"同为迎接好运之意。村中民居宅门匾额上还可见"馨宜""谨几""务本"、"维新""谨度"以及八卦符号。"馨宜"即"尽宜"，意旨与人为善。"谨几"中"几"字通"机"意为政务，"谨几"一词即谨慎从政。"务本"即致力于事物的根本，又有"务农"之意。"维新"即提倡新事物，不断更新发展。由此也可看出匾额所体现的宅院主人们不同的个性与观点。"谨度"意即谨慎的考虑思量。八卦符号分别指"震"、"巽"、"坤"、"乾"（图5-71）。

福胜寺两侧小门上匾额写有"云林"、"净土"，标志着寺庙领域的庄严神圣（图5-72）。后殿东西两侧有两个拱门，门上匾额分别为"瞻仰"、"趋步"（图5-73）。门后便是通往二层藏经阁的楼梯。这对匾额即是让人整理好自己的心情，摒去杂念，虔诚地踏上楼梯。

图5-67 薛氏4号院门楼匾额"安厥止"

图5-68 薛氏4号院院内宅门上匾额

图5-69 赵氏1号院院门上匾额"怀永图"、"乐善"　　　　　　　　　　　　图5-70 赵大货院宅门上匾额"丰裕"

图5-71 村中多处民居宅门匾额

图5-72 福胜寺两侧小门上匾额

图5-73 福胜寺后殿拱门上匾额

十一、门窗装饰艺术

光村传统民居院落中，正房为三开间，两根檐柱间有六扇隔扇门，其上有横披窗。厢房则开板门，一层多为矩形棂格窗，二层则多为景窗。窗格纹样有步步锦、井字纹、万字纹、龟背纹等，十分多样，还有少数几例雕刻精美的窗帘架与门帘架（图5-74）。

蔺氏4号院东院正房横披窗的码三箭纹样简洁大方（图5-75），是民居中很常见的窗格样式。步步锦又名"步步紧"，寓意前程似锦（图5-76）。图案中竖直棂条贯穿上下，水平棂条短小错列，形成独特的图案韵律。蔺家祠堂厢房横披窗的套方纹以若干方框套叠而成，图案质朴简略。此例套方纹又形如"喜"字，颇具吉祥意味（图5-77）。

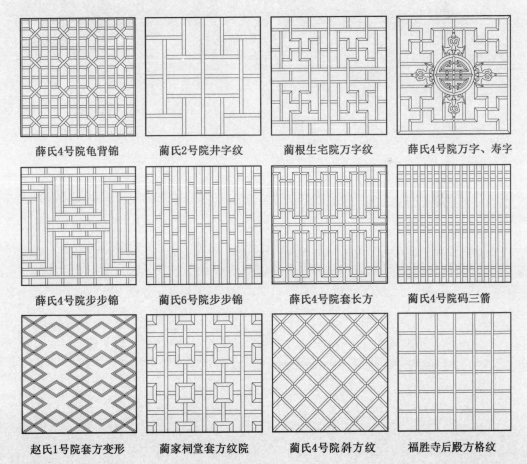

| 薛氏4号院龟背锦 | 蔺氏2号院井字纹 | 蔺根生宅院万字纹 | 薛氏4号院万字、寿字 |

| 薛氏4号院步步锦 | 蔺氏6号院步步锦 | 薛氏4号院套长方 | 蔺氏4号院码三箭 |

| 赵氏1号院套方变形 | 蔺家祠堂套方纹院 | 蔺氏4号院斜方纹 | 福胜寺后殿方格纹 |

图5-74 光村中窗棂纹样

图5-75 蔺氏4号院东院正房码三箭

图5-76 蔺氏6号院步步锦横披窗

图5-77 蔺家祠堂厢房套方窗

图5-78 薛氏4号院厢房二层龟背锦与步步锦景窗

  景窗是直接在墙上开洞的窗，窗扇形状、大小、位置不拘一格。薛氏4号院厢房二层有两例景窗（图5-78）。其一轮廓为六角形，中间饰以龟背锦。"龟背锦"因与龟背纹理相似而得名，故也有长寿之意。其二轮廓为圆角矩形，窗格纹样为步步锦。

  棂格窗窗扇固定不可开启，窗后可裱糊窗纸以挡风寒。蔺氏4号院东院厢房这例直棂窗是光村中最为常见的棂格窗形式（图5-79）。薛氏4号院厢房套长方窗与套方极为相似，只是横向韵律更加明显（图5-80）。

  光村中窗帘架的装饰有简有繁。蔺氏6号院厢房窗帘架为方格纹理，极为简单。较为复杂的装饰纹理有井字纹、万字纹。井字纹形如风车，又有"风车纹"一名，构图富有动感。"万"字于武则天长寿二年被正式认定为"吉祥万德之所集"，万字窗扇即寓意幸福安康（图5-81）。薛氏4号院厢房这两例则装饰较为精美（图5-82）。它们均为方套圆形构图，其一方形四角有卷草纹雕刻。另一例中方形四角有蝙蝠展翅，似以翅膀托住圆环，四边中心各有一如意，寓意幸福如意。

光村民居中正房门为六抹隔扇。蔺氏4号院中隔扇门棂心饰以斜棂网格，且装有方格门帘架，造型十分朴素（图5-83）。薛氏4号院中隔扇棂心为步步锦，门帘架上端两侧有两只仰天的凤头，中心有四只蝙蝠衔起一"寿"字，四角四个万字彼此相连，外侧又有四条草龙饰边（图5-84、图5-85）。不仅雕刻精美，还有多福多寿的吉祥寓意。赵氏1号院厢房这例门帘架纹样是套方的变体，多个菱形环环相扣，带有逻辑性极强的韵律美感（图5-86）。

民居中隔扇门装饰重点在于棂心，其他部分都素面无华。而福胜寺大雄宝殿隔扇门上裙板、绦环板均作装饰（图5-87）。裙板中雕有莲花，花瓣左右遮挡，如同花朵在旋转一般（图5-88）。隔扇棂心则为较简单的码三箭式。

图5-79 蔺氏4号院东厢房直棂窗与方格窗帘架

图5-80 薛氏4号院厢房套长方窗与四蝠窗帘架

图5-81 蔺氏6号院厢房井字纹窗帘架、蔺根生宅厢房万字纹窗帘架

图5-82 薛氏4号院厢房窗帘架

图5-83 蔺氏4号院正房隔扇门

图5-84 薛氏4号院正房隔扇门

图5-85 薛氏4号院正房门帘架

图5-86 赵氏1号院厢房门帘架

图5-87 福胜寺大雄宝殿隔扇门

图5-88 福胜寺大雄宝殿隔扇门莲花裙板

十二、影壁与墙面砖雕装饰艺术

影壁又名"隐壁"或"照壁",用以遮蔽人们视线,从而保护院内的宁静私密。随着时间推移,影壁逐渐成为彰显宅院主人财富与地位的重点装饰部位。光村中影壁位置并不单一,蔺根生院内南墙饰以影壁,呈三房一影壁的格局。赵氏1号院门楼内外皆有影壁装饰。

蔺根生宅院影壁壁身四角均有卷草砖雕,中央两条龙左右相对,以其舒展的身体围出优美弧线(图5-89、图5-90)。龙头在下,龙尾在上,形如腾驾于空中。龙头之上有卷草围绕,并托起一朵宝相花。壁座中有六个矩形砖雕,

图5-89 蔺根生宅院影壁

图5-90 蔺根生宅院影壁砖雕细部

其中有套圆与套方图案。

赵氏1号院门楼内影壁壁顶部分被拆毁，但出挑的椽子、檩条、梁头、垂柱、卷草纹的花板等构件仍清晰可见（图5-91、图5-92）。壁身为龟背纹与菱形纹理穿插排列，十分简洁秀雅。壁座上带状砖雕嵌入墙中。其中雕琢着莲花与蝙蝠。莲花茎或连接起蝙蝠尾部，或钩住蝙蝠翅膀，使整个图案一气呵成。壁座下部呈几形，中央有两片勾连的卷草作为装饰。门楼外部影壁已拆毁，只有草龙砖雕壁座留存下来（图5-93）。

赵氏1号院门楼上砖雕精美（图5-94、图5-95）。六边形砖拼接出矩形平面，砖缝形成了淡淡的龟背纹理。矩形四角各有一只拐子龙，中央为五只蝙蝠围出的圆形图案。蝙蝠的翅膀经变形，似卷草一样，成一团纷乱萦绕的曲线。曲线末端都有被放大的圆形节点，它们似有重量一般，控制着曲线的走向与弧度。

图5-91 赵氏1号院门楼内影壁

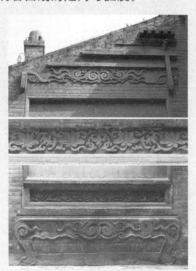

图5-92 赵氏1号院门楼内影壁砖雕细部

图5-95 赵氏1号院门楼立面渲染图

图5-93 赵氏1号院门楼外影壁壁座

图5-94 赵氏1号院门楼砖雕细部

图5-96 蘭氏祠堂门楼

附　录

附录1　历史建筑测绘图选录

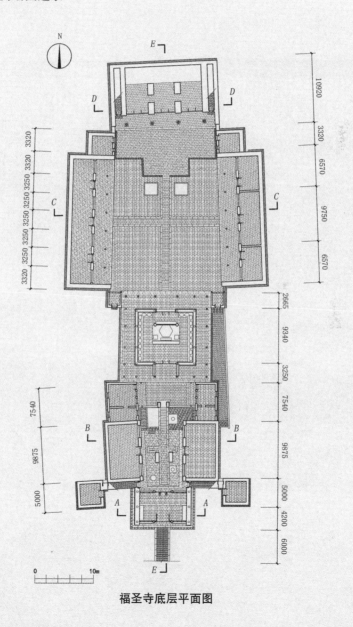

福圣寺底层平面图

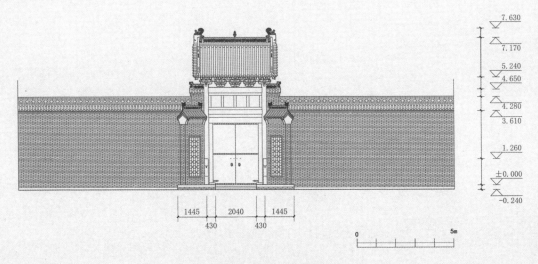

福圣寺门楼立面图

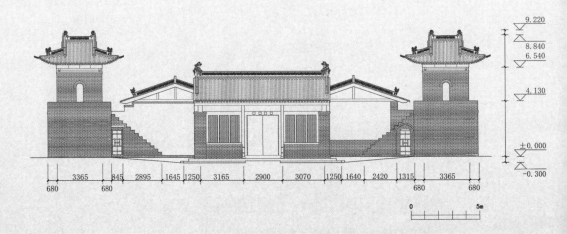

福圣寺一进院北立面图

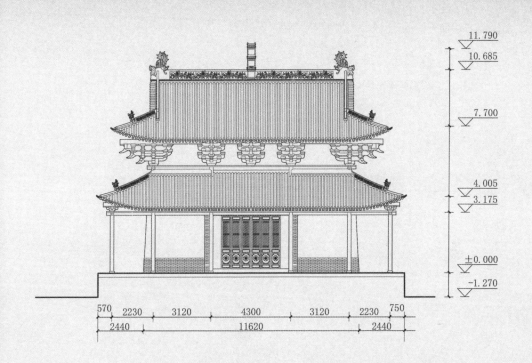

福圣寺大雄宝殿北立面图

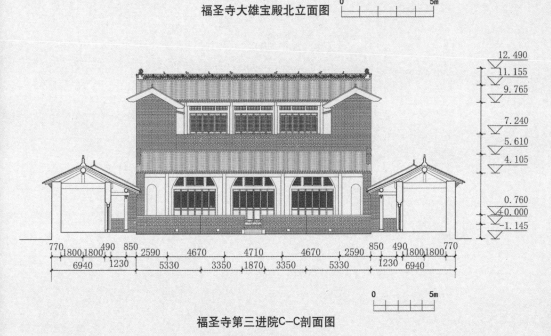

福圣寺第三进院C-C剖面图

山 | 西 | 古 | 村 | 镇 | 系 | 列 | 丛 | 书

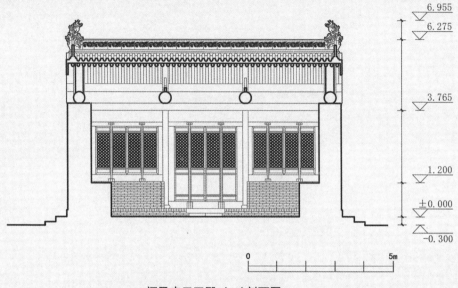

福圣寺天王殿 A-A剖面图

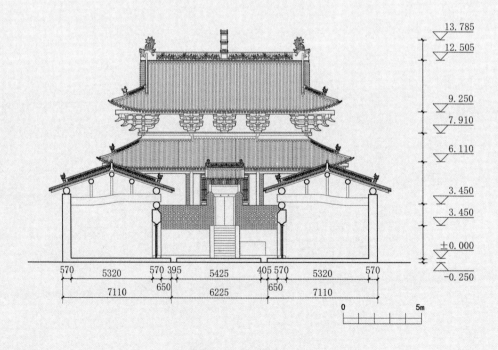

福圣寺二进院B-B剖面图

福圣寺后殿大门大样

福圣寺后殿D-D剖面图

福圣寺南E-E剖面图

附录

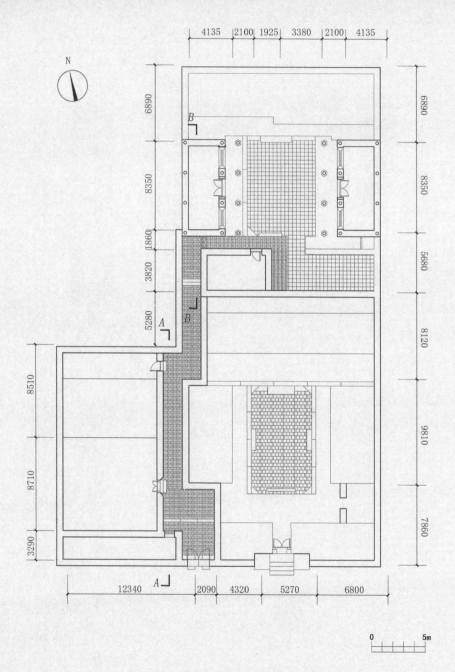

赵家一号宅院平面图

赵家一号院门楼立面图

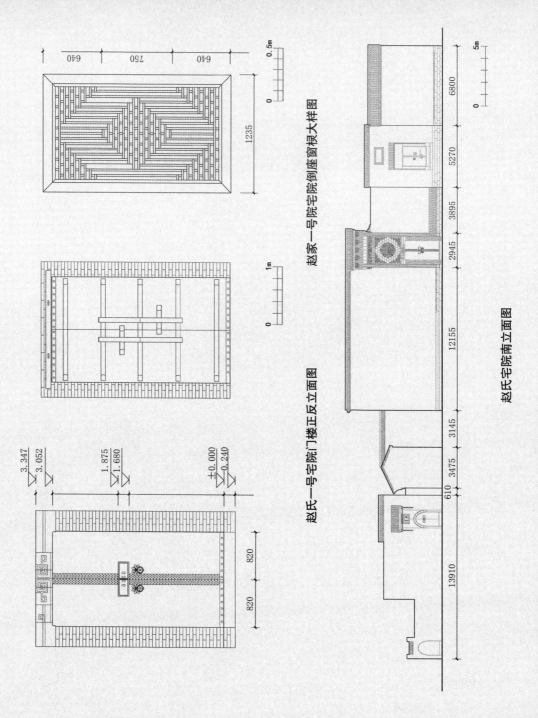

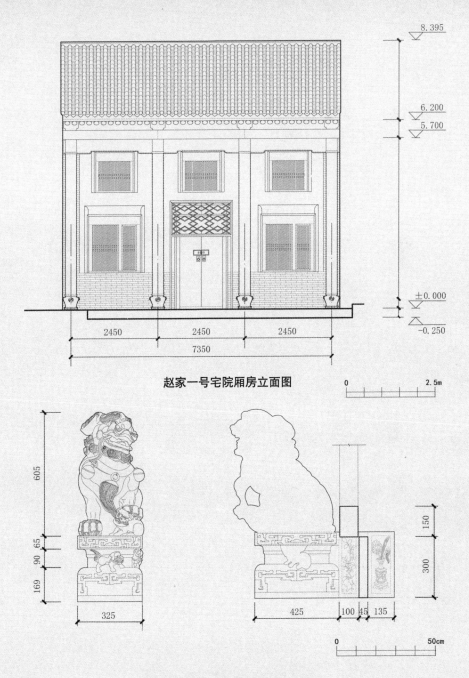

赵家一号宅院厢房立面图

赵家宅门门枕正立面图、侧立面图

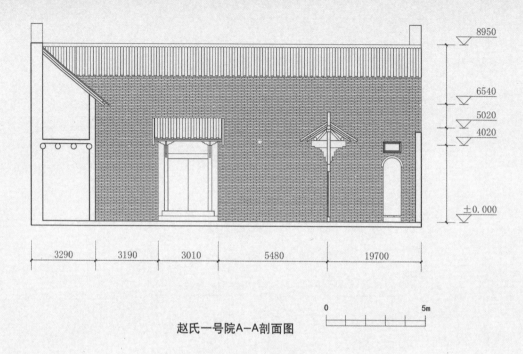

赵氏一号院A-A剖面图

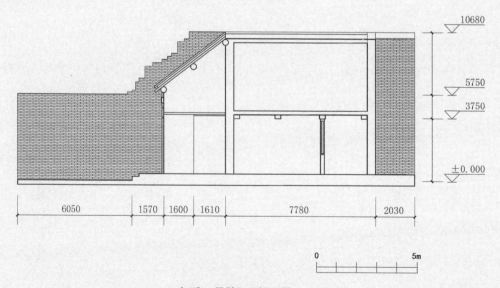

赵氏一号院B-B剖面图

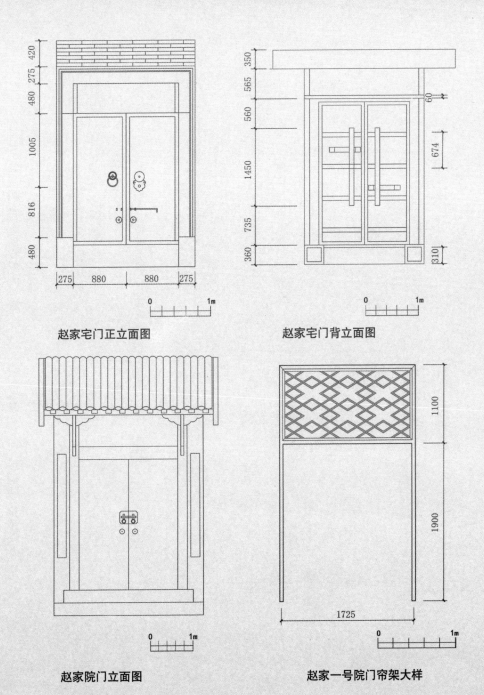

赵家宅门正立面图

赵家宅门背立面图

赵家院门立面图

赵家一号院门帘架大样

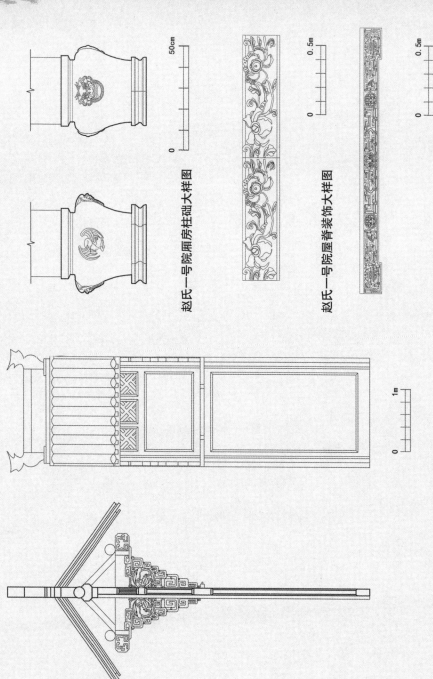

赵氏一号院厢房柱础大样图

赵氏一号院屋脊装饰大样图

赵氏一号院厢房花板装饰大样图

赵氏一号院牌坊剖面图、正立面图

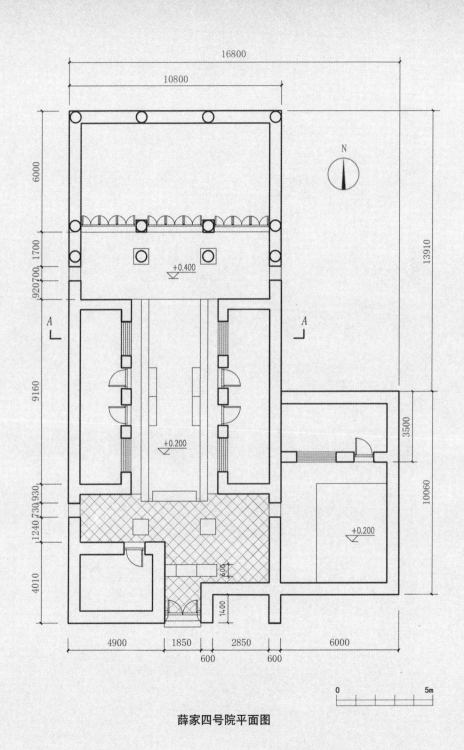

薛家四号院平面图

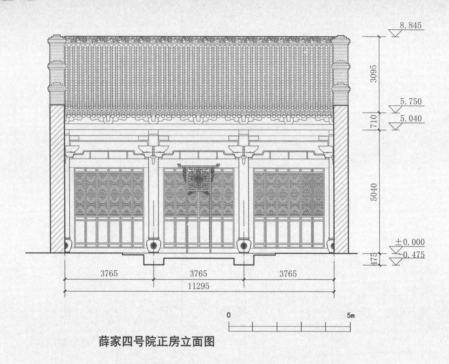

薛家四号院正房立面图

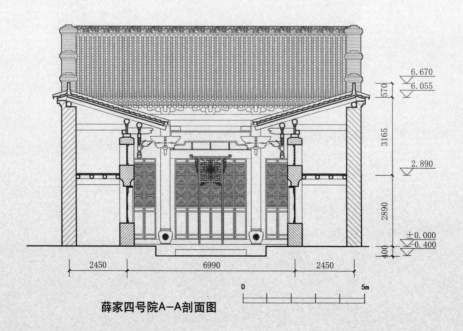

薛家四号院A-A剖面图

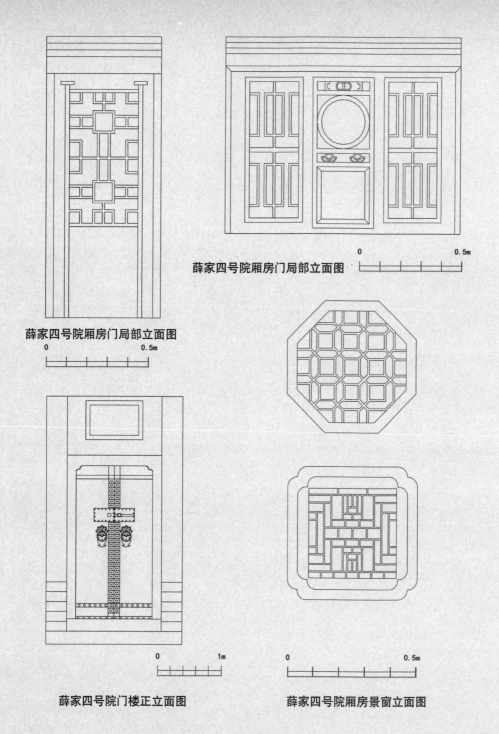

薛家四号院厢房门局部立面图

薛家四号院厢房门局部立面图

薛家四号院门楼正立面图

薛家四号院厢房景窗立面图

附录2 碑文选录

1. 创建三圣殿序

从来京城府中，以及州郡乡邑，无不建庙以□神者，以□神志。灵感显赫，护佑下民，厥功至大而无外，抑且永久而□替也。

余庄有三圣真君，前人建庙于城之西北，以表处事之心。后因筑城，移□神于寺内，后因修寺又移神于观音堂中。乡之父老善人焚香拜礼，无殊于前□庙，已有□神□无庙，余银自出资财一两，捕□伸向会集合生众善人等。更出资财二两，言欲建庙碑，□神之威灵有所专，楼众之虔心因而得展幸。乡之仁人长者善男信女莫不欢，□咸盛事。今建庙于□玉帝庙右，工已告竣，□曰余之功哉，以见神志恩膏，无人而不□神之功果，无人而不顾就也。故述其始天以及成功之。乡老□勤石以垂不朽。云信士赵承□及孙□沐于谨志。

　　　　　　　　　　长女 聂门　赵氏施银一钱次女 蔡门□大清雍正八年二月吉日上石

2. 福胜寺新建牌坊记

随次娵誉玄□之辰，寺僧频易而端，人方有事，义学之举未暇及焉。阅丁□义学之资用，既生徒之肄业，益众堪兴家，言□此牌坊。即颜曰：样□意取补形局，以安辑僧人，非徒区□羡观瞻已也。工竣日众曰：材木虽属现存，而资□悉由捐输。凡施财若人而不有志之，竭，而趋公乐善者，勤，是用磨石以志之。

　　　　　　　　　　　　　　　　　　　　　　（人名省略）
　　　　　　　　　　　　　　　　　　　　□大清乾隆岁次丁丑三月立石吉旦

3. 立塑玉帝碑记

绛阳城北四十里，大聂都光村西北乾□之位，于元远时建立，堂内无神像，后于正德丁丑年本庶人等各施资财，于内补塑神圣□堂，週至戊寅孟夏四月□俱完其□石施□记万世。

本村都□那头赵渊、张英、赵奎、薛□、蔺笛、□深、赵余、薛伦□、范贯□、王伦谨□粧尽正神拾财信士义官赵衡男赵岳合家安乐吉

　　　　　　　　　（捐银人名单省略）正德年丑□岁在戊寅孟夏四月中旬吉旦立石

4. 尚书吏部牒　福胜

尚书吏部牒
绛州正平县光村，院主□状告自来别□名额今已那讫，合着钱数已立，院名勘会是贯须□

可特赐福胜寺院大定□年三月二十五日令□升主事安假□奉议□行太常□士权员外郎刘中散大夫行员外郎李宣威将军郎中耶律侍郎

重修福胜寺院添修年谱记

窃闻丰其屋宇□部其家园闻其无人，三岁乃凶而主之者，著鲜□诚矣。德因名显，名因德固，名德相辅，□则永世其处事者，专□乎道德焉昔。我□调□将□乎真际也，立大方石所留足□以示其徒，俾福慧变修耳，其补处□欲降神示迹也，踞七宝座莲，□其跌以日助后资，今戒定齐威□若单修其慧□名曰:乾慧。致乞食而艰得也。而唯作福□号之□福其人，不堪于□乎，是以佛书云三檀等，施六度，兼修为世福田，龙田辅护其□素晨香夕梵，非何处之由，是□勉于净信。昔择胜地有古圣堂一所，山明则姑射，水秀则流汾，前视乎惠祠，清廉仙洞，其民质而倍，其土壤而厚，树□围园，拂槐掩映，乃大齐天统治成值大金眷□发时有沙阅曰：丘姓称惠满，俗中清华人士，其信士曰：荔三公，纠集众人□完□砌□几二载，屋宇一新，一处所虽成，惠无名称。昨于大定三年省符遍行天下其无名额寺观，补助军储清买其额。僧惠□领素士鸩财同欢纳讫，赐名曰：福胜寺焉。因是声流遐迩誉播古今，闻之听之羡不□已矣。后渡门人曰：义柔自试中，后具戒精纯其成，厌院事弥有补乎。师马恒思无以报恩，何若刊石以明德，用示将来以延不朽、尚镌其文，下记年，信士芳名以列于后云尔。

大定二十八年三月十六日住持主法事沙门　义□立石

本村施主荔□荔坚　崔荣

东雍逸人杨昇

5.修理茔墙禁掘柏树记

窃思卜茔树木不知何，昉而耳目□柏者居多。其以远兴余合族□祖茔值柏数十株□龙耸翠祖□丙□眷。茔墙倾圮，族众欲□值空乏义伐卖□敢遽决□纠。叔侄兄□有力者酌量捐输□今年春二月告竣。第见四圆辟立檐牙参差罗列，数□觉□矣。族众遂属余志，余以为柏之树坚以□苍干老宛虬龙也。万载千秋无更变也。祖宗邱墓□瞻拜也。故虽子孙昏愚未有忍□伐者。往往因修茔树□公变易，致他人斧斯之，伤何后人觊觎之，渐种种流□不可胜余。有赵子孙体仙人种植之意思□祖宗凭依之神不惟不一宗之邱。墟兴丸丸古柏亿万载而常□。

捐施名目□之子孙尚勉之戒之是为序

乾隆五十二年岁丁次末暮春之吉□一世孙熊谨□

6.整齐村社碑记

凡有志于人心风俗者，太上变化之其次。愧厉之，其次整齐之，变化之，则有以民其迹。愧厉之，则有以威其心，整齐之，则有以一其志，是故变化不待于愧厉，愧厉不待于整齐。而愧，而变化此亦。善。风俗者斩磨而致之一端也。昔我光村地非僻壤，人敦古处，父老子弟咸称为美俗焉。厥后世风不古，草稿，渐兴，讼狱，滋起，□之屡遭岁□风俗愈颓败。

余□谓得一二有才能得行者，出而整变之，扶衰起弊。用古道磨□一切讵不□欤？至上岁本庄□升赵公等忽倡其议，庄人咸喜，遂即举公为总和邦，蔺公佳智赵公诸人为辅，且各乐输已囊以为治庄之资。设立规条维持调护，殆有得乎整齐之道焉。庄人曰：此诸公之力也，非勒石以志之。后之人将问何以劝□，问志于余，余思夫周官大司徒造都□之法。五家使之相保，五比使之相受，而于是乎，有乡师郎大夫之职，州长□正族师阁胥比长之设，而于是乎，有三物六行之教入刑之纠，此亦有

所为。整齐之意也，则余乡之设亦焉。容己载，且人情不堪相远耳。习兴不善人居，则善无后而入也。习兴善人居，则不善亦无从而入也。今以诸公之素□为善，于乡者用以整齐乎。一乡固有以观感而兴起矣。而由是积畏生愧，积愧生慕，则整齐之始末非□，以愧属之，即未始非所以变化之也。孔子曰："里仁为美"，此亦足为仁里之一助，后之兴者不可推其意以相承于勿替哉。余喜其事之善而更乐，兴余之，殆愿有合之于是乎志。

　　诰封中□大夫候选知府加四级，覃恩加一级，又军功加一级，赵□助升甫总理。
　　值年　耆老 赵发　　生员 赵宗逊　　生员 李佐桂　耆老 蔺□赵君顺　　　监生 蔺逢灌
　　州同 范克忠　　监生 蔺毓芝登仕郎 蔺丕杰　　监生 薛志宽　辅理
　　监生 王□　　　监生 蔺□薛育泉　　　监生 蔺伟
　　儒学生员 蔺春选　　　后儒甫撰文
　　覃恩庚申科举人吏部拾选知县高梁　张泽悦之甫题额
　　甲子科举人吏部候选知县□川李在班廷玉甫丹书　辛酉科拔贡吏部侯□州判鄂阳郑嘉护廷赞甫校阅大清嘉庆十一年岁次丙寅十一月十七日吉旦阖庄□立

7.克□前烈

　　重修城垣碑记
　　当闻城之为言禁也，所以禁止乎暴也。易曰重门击拆一待暴客城之□大矣哉。我庄旧有城垣多□年，所考其创始碑碣，如仅□三城门石额，上见书有明崇祯年间，此其证也。二百余年风雨剥落，其上树木□衍，到处倾圮；其下基址坍塌，随地堆垛莊。人□久焉，伤之踌躇有年，但工费浩大未易后也。
　　癸丑秋　德馨蔺　公　顿起奋进之心遂失竟成之志先□
　　允齐席大年范惟一蔺
　　殷实者数家约定，重质乃兴，甲保乡绪郎老商议酌妥□告莊入纠众捐施，而莊之无不踊跃顺从，慷慨乐输。于是择吉兴工，次第□起始于西北，旋及乎南东，□一周岁间而工适落咸夫□微区非敢比□通都大邑城郭之制之例也。第一比间而居者，出入相反，守望相助，得此保障，庶有一蔽内外禁贼匪而安堵无恐。今者莊人同心同德，勿二勿三，不惜□金□劳苦□百堵之皆兴，保一方于无虞，是真所谓众志成城者矣余。既嘉莊人之克绍前烈，而又□嗣而兴者，随时修葺毋□前功。庶捐金之姓氏，不设建筑之苦心，不衰而前人创始之伟绩，乃得□相承诸之而弗替也，□勒之石。
　　　　　　　　　　　本乡儒学增广生员曰 义薛时撰譔文本郡儒士莲舫张宏纲书丹
　　　　　　　　乡邑儒学□膳生员建侯王亲贤校阅□邑儒学生员允迪谢奠康题额

8.重修城垣碑序文

　　且乡里之有城垣，所以蔽内外而防盗贼也。城如余莊历年已多，城如余莊之修去日未久。城如余莊之修而复修，似未可逆堵而无庸。遂□言修而欲常如，今兹之既修，使城犹是城，未可逆睹而正，可时举□患宜预防，功贵早图，事理之必然。余故于癸丑程工初，乐前者之规模有以复，又于甲寅奏续后愿后兹之继续为不忘也。庚申季夏，庚辰夜大雨淋漓，村之乾门外水聚数尺，房屋尽覆，场园悉平，波澜浩荡，浸淫城址，剥落五丈许。虽犹可蔽内外，其所厚者薄矣。使听其颓堕频仍而不为之计将所谓出入相助者尚何恃而不恐乎，至冬村苍事，诸公商所以葺之，因念前功匪易，曰尚伊□，又思后举，更难岁值荒欢权于村中择囊□及慷慨乐施者百余家。量力捐输，择□鸠工，又将周围崩裂者补□如故。越日工竣，责文于余，余曰：善哉，城为保障拜师之基，事关身家，□姓之福，民事不可□也，壹曰：小哉此役也，不惟有以绍前烈，抑且有以昌后举，虽其功较前大小不相若，而其□苦筑之心，则一也，吾乐今之局斯城者，司颂诸公之德，更愿后之□村事者，皆□诸公之心，庶几随时修葺，永保母替也。已是为记。

　　儒学增广生员依原蔺滋生撰文儒学生员瑞三　王芝田书丹儒学生员向日　蔺若葵校阅
　　甲保　范屏　（从九）范荣　（□生）薛焕文　（从九）蔺桂芳李春华　赵修德　（生员）蔺发荣　蔺师中　乡老蔺绪赵□　蔺荣　薛松茂　赵世普　赵魁元　李日荣王迪　督理咸丰十年岁次庚申葭月上瀚□旦立石

9.重修福胜寺碑记

　　光村乾元门外古有福胜寺者，以振乾纲。非徒为邀福计标出大雄面目慈云广布。则盘龙拎兹。得山川钟毓之灵为一村文脉之所系焉。前后凡数层，步步引人入胜。其中殿则我佛如来之宝座。在焉恩光普照，为世人而指迷。其后三世尊像幽雅深致，俗名三眼古洞。而瓶笙院香积厨左右附焉。洞之上名大成阁，并祀孔子文昌，道则高矣美矣。宫墙数仞，以是观之，重佛教而尊圣道者也。层层耸翠，飞阁流丹，四顾环眺，俗缘脱尽。真可谓人间天上福地，琅环者也。然世远年湮，不知创自何代。康熙时一修，嘉庆再修，以迄于今。摧残满目，几乎瓦解墙崩。而大佛殿三眼洞尤为特甚。壮人为之恻。然势有不得不修葺者焉。遂于乙卯七月动工，至丙辰四月告竣。则前后左右仍依旧规除朽换新。若前院大门加以润色，彩画辉煌，其所费金皆诸君为之筹画，集腋成裘者则施财大众之功也。其经营督工管理者，则社首诸君之力也。其所乐为□举，不惜金，不爱力而成功。若是之大者，则□神之默助。在人心，动于不容已，发于不自知也。□谋立石，嘱余为记。余不获辞，谨将当日创建，屡年重修，将来兴废举鉴。或有借斯为鑑，焉以告庄人云雨。

10.重修福胜寺序

　　修理神祠为作福第一事，为世人言之也。然修理神祠不为作福计，为高人言之也，兴高人可不□可不崇休息，兴世人言皆当乐，为修理所固然矣。迫近□宫墙向往者，柬□圣人也，其中□有损坏多士□补。葺修饰之，屡遭兵□流利，□几无定所。所至者又每兴西方□圣人为伍，历清华履净梵□殿宇崩漏。

　　佛服风日使传衣者，先自失其衣，何以云然，愚故乡者曰：胡不为修理计，华人由是作福。为越数载□，故以楼光村庄北招提额曰：福胜。顾名思义是必曰：不待作而福自胜者也，独不曰：作之而□福将愈有以胜之。况遥企垣址□翠穹窿瞻彼□殿宇巍然□然，第日久年深风雨□庭□户瓦落□，摧徘徊终日，无可奈何。一日者，浮屠觉兴觉洛携其徒照潭等慈悲生心，遂合掌□于予而请□序焉，为引举向之启净梵□者，而□于福胜启之乡人，必将从此而作福矣。使客乡之人亦作此乡之人之见不□皋世而为□作福之人乎，几我信誉大舍□财，颗粒必□，锚铁不忽。富者出其□，贫者竭其力，将□敝者，仍□巍焕摧落者，□为整□西方□圣人不兴东□圣人并妥焉，而安于神祠乎。是为序。

　　大清康熙辛酉孟冬吉日
　　本郡监生赵耿臣□生蔺佳宝赵耿星　蔺廉□督工香老赵□　　赵□旺　范邦□　赵□薛继弘　蔺佳

□ 赵璧国　王贵全　薛光辉　赵之德蔺佳全　范有洪　赵继藩　蔺进荣　薛光耀　赵可足薛明道
范有□　赵文通　蔺佳佳　范永福府库典吏　王清庭　沐手书□进士　　田育民　沐手撰

11. 重修南殿碑记

　　夫以扶危济贫是贤士之本，门盖寺修搞真君子之巨善。斯寺者，正殿□嵘而焕耀，两廊肃整以新鲜龙槐二树，凤柏三株，远望犹若兜率宫□瞻真然极乐界，所有中殿止□缠腰□人游履观之，不羡本寺住持法正思有本，村义官蔺孝真富有之巨，家宝输拾之长者，议同妻马氏下谕，男蔺倫等共同一意□诚心谨捐白金八十两，买办木植，捏烧砖□，选举本村张朋建木，木匠同意兴工，上建缠腰二十间，下厪基□于四面砂壁，内外光辉绘彩，源流释氏，工毕于当时。缺碑无后，□匠求石镌文，谥古所斯功勋贺

　　一人而有□析，百姓以无灾感风雨，以应时遇。
　　□年而丰稔谨□昔
　　大明弘治十一年十二月吉旦继・书丹撰序镌石匠　王贤□　　王□

12. 重修玉帝庙碑记

　　光村庄余桑梓地也，庄外而西北隅□玉皇庙大殿三间献亭一所，外蔽墙垣内设仪仗右有□土地堂后□三圣宫大殿内□伯王之神驾在焉。数十年来，每逢正月初九、八月初一圣诞之期，演戏三天，士妇云集，迎神者鸣钲而击鼓，送驾者锺事以增华。三院轮流共接□神床椅□休哉。何其盛与迨道光庚子后香老□诸公不能一心经理。以致演戏敬□神，靡之有期，甚至风风岁岁年年。梁已侵乎落月□几委夫荒烟，颓圮如此，大非所以□神明也。辛酉甲保□秋原诸公日击心伤，不忍坐视其弊，纠莊之绅耆，商议，均愿同心整理，不徇私情，不恤讪谤，不畏结怨，不避强梁，举神案下所欠之项，一一而公辨焉。有财者清完，不能者出息。共得银十两。之谱又筒莊之殿实者捐银贰佰有奇。□秋园蔺公为总□永议赵公等辅之，卜吉动土，择日兴工。不数日，而大殿献亭墙垣门楼戏台以及□土地堂、三圣宫焕然□新焉。虽□神兽为使之宾众甲保认真办事，诸管老竭力督工致之也。工竣责记拾余，余斯举也，废者举之。敝者革之，理散丝拾既往，定章程于来兹。不惟香火之盛赖以不堕，既废弛之，渐有预防，将见庙貌辉煌□神恩永护于千万人，无疆之福降数百世，莫大之祥！夫固于此基矣。不可不以志。因谨叙其事，以志不朽！后之共享盛世者庶几同心同力，毋替前光也可。
　　儒学生员瑞三王芝田撰文儒学生员华亭蔺发荣丹书儒学生员向日蔺若葵校阅
　　大清咸丰岁次辛酉冬十月□旦

附录3 家谱选编

1.家谱跋言（赵）

□翻阅藏书及□眉山文集，而见其中有族谱编，按其义有亲□体有□虽为例不一，而究所以作谱之意，由一本而衍为众流，源众流而上溯一本，使孝弟之心因所谱而油然兴，勃然发，则固可然会于语言中也。吾族□失谱，前人仅以世次之确可□者，札记而秘藏之。乾隆十三年，长房从兄劲始里衍成帙，至三十二年，劲兄暨熊兄又益以序文欲授□而未果。今岁丙申春，余以谱之未□流传不广，且恐后之或即湮灭也。屡为□憑动兄兴熊兄复踵而增演之，详较之，业竣付授□人□，流传既广，而几我同谱之戚，其世世相守，勿替□是举也。虽不敢与古人文义比例，而其所以照一本与孝弟者□有□乎哉。

□
乾隆四十一年岁次丙申五月吉旦十一世孙　蒸沐手授梓

2.皇清□赠武德佐骑尉，□风蔺公，暨德配王宜人，合葬墓志铭（蔺）

修德者克昌厥，后积善，受富无疆。若□赠武德郎蔺公者，吾乡善士也，讳于淳，字□风，派出相如，居绛北光村。先世功德不胜枚举，公父九鼎公谨厚可风。母王孺人，贤孝堪仰，生子六，惟公最幼，赋性聪明，善于读书。不幸九鼎公早逝，公孤□无依，家又窘迫，遂弃学就商。适西泰泾阳生理，敦□素竭劳瘁，诸事兢兢，罔敢失堕。厥后任大责，重持已，以正待人，以宽临事，则谨小慎微，无事则静心养气。得陶朱公市隐自修之道，更可□者。葬父母竭情循分，处伯仲克恭，能让有孝有之天性焉，服田力□不敢荒，宁节食慎衣，罔或奢靡，有勤俭之遗风焉。里有婚葬多施财，周急岁遇□，□出粟济贫，有慷慨之雅度焉。且教子以严，弗纳于邪，力耕勤，读谆谆语之，固合于古人义方之训者也。公之素行若此，宜共门昨日昌。子孙绳绳而树，厥风四日子时。辛于嘉庆四年九月二十九日辰时享寿六十有九。

缘长孙捐职，守□所千总□公为武德郎配本□王公，讳照瑞，次女性柔顺，勤绩纺穹约，自守相夫成家，后颇饶裕。主中馈井井有条，训子媳严严不苟，有丈夫志气者也。生于乾隆元年正月初一日寅时，卒于嘉庆十年九月初十日子时，享寿七十□。宜人三，长敦仁诰封武德郎。初娶太平县义西毛莊张公，讳震然，长女太继平县平莊寿官贾公，讳交行。次女俱诰封宜人。次利仁武□生，初娶本州向家庄监生侯公，讳自通，长女继太平县贾岗莊王公，讳元仁，五女。三得仁太学生，初娶本州向家莊监生侯公，讳□，次女继本州南关生员李公，讳玠，长女一适太平县赵豹莊丁公，讳慎思，已逝。孙男十。敦出二。克毅，由武□生援例武德佐骑尉，初聘本州程官莊李公，讳永清，长女早亡，继娶本州三泉镇刘公，讳克勇，长女，再继太平县南王莊张公，讳经，长女。俱宜人。克宗，武库生，娶本州□村镇柴公，讳宗武，长女。利出四。克新，□本州小聂□千总赵公，讳万□，长女。克温克谦，克让俱幼，未聘。得出四。克端，娶本州南燕村监生郝公，讳治华，季女。克亮□太平县

南王庄刘公，讳焕章，次女。克强，克恭幼未聘。孙女一，亦敦出，未字。曾孙男三。长采芹，娶本州西庄家公，讳崇芹，长女。次采藻，幼未聘。俱毅出。三采频幼，宗出。公卒历有年所矣。今卜于嘉庆二十年十一月二十日。偕王宜人合葬于西北新茔。长子敦仁，持状索志于余，余钝毫痴墨，不能交，故质志而□之次铭。

铭曰公神宁谧，公德馨香，克俭□昌，灵钟马首，世荷龙章，桂林翠蔼，兰□芬芳，落落，高千，古幽宅建，乾方既安，且吉长发其祥。

郡□生眷晚席可权顿首拜撰文□
敕授儒林郎候选布政司经眷晚范克恂顿首拜篆书
嘉庆二十年十一月二十日

3. 赵氏族谱后序

自宗子之法，费而戚□相淆，贫富相猜，同祖共宗之亲几等陌路行人，而渺不相恤。仁人君子所以流连令古而不能不重致慨也，昔范文正公有言，吾吴中宗族甚众，于吾固有亲□然，吾祖宗视之，则均是子孙，固无亲□也，夫由一本而降，苟非有谱牒，溯源沿流，亦何以知其一本亲□哉，丙申夏赵公成周偕其从，季兆周等，重□其家乘前列诸公序文，并倩余考校以授诸□，余不揣固陋，检而辑之，且嘉其叙系有法迹。载质宝而无□妄，附会之尤探□沿流，戚□之等既。以是别贫富之嫌，亦以是泯有補于家法伦理□，浅鲜哉。公等既不忘所本，而克谨于今。使其子若孙继承，更不息于后，而增修之。勿□则敦族敬祖，一本之传其□穹乎，是为叙。□川任培疆职籓，拜撰于双铭轩。

4. 赵族家乘序

郡北姑射山麓之光村庄，余昔假馆地也。丁亥春偶过赵生，熊家生出其所藏先世谱系，将有事重叙，请文以□其端。

按赵氏之始载在左传，详于史记，在晋为世族。其后枝叶繁衍，迁徙靡定，及宋艺祖受周禅代德昭，区宇好事者遂著书，以冠百家之首。真古迹自□晋赵之后，□夫天下姓，皆有茂族而支分，□别不可胜纪。必取其贵显者，而认为自出彼崇韬，拜汾阳之墓，其贻笑何暨，而蔡京之后不祖其先，而祖蔡□，悖德悖礼，更为可耻。今赵生之志，则不然其言曰，秦赵共祖乃司马氏之妄说，成宣远邈，不顾借口，九原自诬先人。余家自小九公而下，传四世祖，世杰公为三房，五世祖应奎公又行三延，及云□公乃六世祖也，继别列谱，以云□公为宗，其上长房次房不可详者，姑□之余以为赵生之谱信善矣。

传曰视远者不见其形，听远者不闻其声，传闻□词而欲从数代之后，□断去取其诬先人 孰甚焉。古者自出之帝，无庙无主非稷契之 ，知有母而不知有父也，年远世繁后之人。亲有所止，文有所缺，亦循乎情义之可□者耳，今生谱其宗之确有可□者，不诬，不漏，不诚。善□余嘉之，而为之□

乾隆三十二年岁次丁亥 二月上浣 宁武县儒学教谕 乡饮大宾 汾川□　铸顿首拜譔

5. 序（赵）

家之有谱，一防派远支分而无所辨别也，一防年久世更而无所考稽也。

赵世家谱传而至二世祖，讳谅。三世祖义官，讳衡。四世祖讳世杰，五世祖讳应奎，其子孙甚繁，家乘无存，无搜考。备战惟以六世祖讳檀山为宗，其长子，讳含真，由廪贡知善化新安两县事。次子，讳含弘，中崇祯巳科武举科，名宦绩德业，宝自昆仲而显也。是檀山祖义，为吾一枝之宗祖也，倘于此而不为之谱焉，不几将前人刱之德泯没，而不传后人继述之事，亦无由而伸也哉。今谨谱之并叙，其所以谱之，之意如此，俾后之览者庶有所兴矣夫。□乾隆十三年岁次戊辰二月上□之吉十一世孙□谨□。

6. 薛家家谱

在明初时奉，文巳开□三处祖坟矣，一在大聂村西南，计地七分，时阖户同卖与薛一桩耕种。祖茔。一处在本荘东，计地五分。祖茔一处在本 东北，计地二分亩。此二段地直年族长轮流耕种包纳坟粮。祖坟二茔，一坐落本村东北，西至前开贰亩地，一坐落本村东北，西至薛春祖茔。此二茔内不知安厝几代。祖茔至清明佳节，吾族人齐集，□扫据上数茔而观。则吾族居此光村年诚久远矣，但在明时与向家荘同侯姓大聂里八甲至。

清顺治十五年奉，旨归□里甲薛继宏为首合户输纳数金千两方得脱离虎口，□在大蕸里一甲兴差。康熙十八年吾族人见二处祖茔荒，塚凄凄共动追远之念议栽柏树以壮祖兆。上一茔计栽柏八十株，下一茔计栽柏二十四株，先年会刱立。祖先牌位直年族长轮流贡献，每至元旦日，阖户俱到，族长共至祠堂序班□节日，凡吾族人生一子拨钱三十文。祖先宗派分衍惟期后世子孙瓜瓞绵长。

时书数字以垂万□ 旹康熙十九年岁次庚申正月十七日薛光奎撰

7. 蔺家家谱（节选）

蔺氏族先虽远，祭祀不可不诚。大明国山西平阳府绛州大苏里光村庄，蔺氏余屯东郊□向阳吉地安葬，且夫世谱者，所为报本远也。书曰：祖宗虽远，思念不忘，子孙当尽春秋祭祀之诚。故要追思□然如见□然，如闻身体发肤受之父母，不敢毁伤，孝之始也。立身行道，扬名于后世，以□父母之孝之终也。子曰：孝之事亲也，居则致其敬，□则致其乐，病则致其□，□则致其哀，祭则致其□。呜呼，□之孝，当竭力，忠则尽命，是为记。

山西省让河东道新绛县第四区光村庄

裔孙谨志

附录4 家族历史故事

光村上下历史悠久,其中有许许多多的家族兴盛与衰落,形形色色的人在历史中不停地塑造着光村这个共同的家园,无论是本地原住户,还是因为战争等流离失所而至的外乡人,都为光村形象的塑造做出了贡献。所谓历史是人所书写的,有人即有历史。在光村的历史中曾有四大家族赵家、薛家、蔺家、王家,尤其是赵家、蔺家在当时富贵满盈,显赫一时,很有名气。四大家族的兴盛也是光村能够保留一些老建筑的重要原因。

一、赵家

赵家兴起于清代康熙年间,经过雍正、乾隆年间的不断发展,在乾隆年间达到了鼎盛的时期。赵家因在苏杭二州做生意而发财,赵家家主喜欢南方风格的建筑样式,于是在苏杭找到了能工巧匠绘制了十八座院子联体的造房图,为了巧合动听,开工后历经十八年完成。

赵家十八院当时居住着赵家大部分人,后来赵家又建造和购买了其他院落给当家的男性居住,所以十八院逐渐变成了赵家女性和老人居住的地方。

赵家财大气粗,十分喜欢显露钱财,历代家主都喜欢与别人攀比财力,更有浪费钱财的不良恶习,留下了许多赵家夸富得故事。结果在乾隆末年,赵家就逐渐衰落了,光景一天不如一天,最后四分五裂,变卖家当。薛家当时专门为收购赵家家当开了当铺,大肆收购,从此逐渐发展起来,所以村里流言:倒了赵家,富了薛家。当然,赵家在当地留下了许多脍炙人口的故事。

1.新绛南关汾河堤

据赵家后代赵柏令口述,新绛南关汾河河堤是赵家出资修建的。

某一年的某一天,赵家主人去州里闲玩,刚好碰到几位闲转悠的浪荡公子。这当儿绛州州太爷的夫人正盘着腿,坐着轿子过来,街上行人让路,他们其中一个随口而说:"老拐(当时的赵家主人可能腿脚有些毛病),谁敢过去把周夫人的脚摸一下,算他有种,我请他一桌酒席吃。"老拐扭头一看,二话没说,紧走了几步过去就摸捏周夫人的脚,还把鞋也给脱掉。路人大惊,这下可惹了大祸啦,跟班衙役一拥而上,把老拐送到了州衙。州官倒是好官,问明白后计上心来,他知道这是有钱人起哄,汾河发水正缺钱修堤,当堂便问:"你愿打愿罚,愿打打三百军棍(能把人打死),愿罚,罚你把南关河堤修起来。"有钱人自然不愿挨打受皮肉之苦,出点钱既能炫耀他的财势,还可以扬名传颂,结果连工带料花费了数千万两银子。把家底都搭上了,这是赵家落败的一个原因。有诗为证:

花花公子瞎起哄,想闯个风流英雄汉。

父母官的夫人,三寸金莲岂容摸捏?

州太爷巧施计谋愿打愿罚任你选。

若认打皮肉苦,公子哥岂不把命送西天。

修河堤出银两，扬眉吐气我有钱我干。
他哪知工程大，耗资谁人敢担。
上圈套入陷阱掏腰包，万贯家资花了个快完。
到头来家庭败落，只落得"臭"名传后人。

2.撂鞋赌输赢

　　赵家日子鼎盛时期，有一天主人拿上铁锨，挑上一个粪筐到地头路边转悠。这时走来一个中年人，长袍马褂，像是大户人家的有钱人，见赵家主人身穿破衣，挑个拾粪的筐，是个地道的庄稼人，便问："你们村有个姓赵的财主吧？"，"有，你问他干啥"，"我是汾南阳王村的财东，听说赵家很有钱，我是来和他赌钱的。"主人一听这话便说："我是赵家长工头，先别见主人，咱俩先赌一把吧！"这人一看，这种人也敢口出狂言，教训教训他吧，便把盛银子的褡裢往地上一放，说："好吧，咱们赌啥？"主人便指着他的粪筐说："就是我这个筐，你赢了便拿去，输了给我赔个筐。"这时主人把鞋一脱说："你撂我撂都行，看你要底还是要面，把鞋高抛栽落地一下即见输赢。"那人一听吓了一跳，见主人粪筐里全是金元宝，如此即见胜负的赌法一个长工头就这么大的气派！那人站起来想溜走，不小心把主人的粪筐一脚蹬翻了，黄澄澄的金元宝滚了一地，二话没说撒腿就跑了。

3.夸富

　　有一年的一天，赵家苏杭的铺家给兑回一批银子，因当时不像今日有银行和邮局，而是通过镖局，委托他们保护，用牲口小车装上银子往回送。据说，镖有数十条牲口和车托送。到赵家后，赵家拒收，说是苏杭信未传来，又说账房先生有事外出了，叫把银子卸在大道旁，人畜吃住工钱从优，只把银子看管好。一待就是两三个月，四村八邻听到这件事都来围观，那时村里比过年逢会还要热闹。赵家这一下名气更大啦，人人都说赵家真有钱，银子送来都不要。原来这是赵家的一计，为此，赵家提高了名声，夸富扬了名。

4.赵家买赵柏令院落的传奇

　　赵家兄弟三个，取名大货、二货、三货，居于现通天街巷西，大货、三货都已经各占了一条胡同，赵二货也想占，他没有和邻居赵柏令祖先商量，就建好照壁，以为肯定能买下赵柏令家的院子。可是他没有想到，那家不卖，故意刁难赵二货。说："你先把元宝摆满我的院子（院子约四分地大）。"赵二货立即派人把元宝摆满赵柏令家院子。摆满后，主人又说要把元宝摆满并摆高与屋檐齐，赵二货一听傻了眼，无奈之下没有买。后来赵二货家此处有照壁无门，门只好开到其他方向。

5.赵家晒元宝的传说

　　赵柏令家没有让赵二货家把院子买走。他为了和赵二货比富，赵柏令祖先遇有北苏村逢集的日子，就背着元宝到福胜寺门前，在地上铺一大块布，把元宝倒在布上晒，别人问："为什么晒元宝？"赵柏令祖先回答说："家中元宝多的用不了，怕发霉。"实际上元宝是不会发霉的，这是赵柏令家在夸富。

6.西天雷音寺的传说

话说赵家开西北城门时把原有八景之一的"通天门"地方占用了。建好门楼后在楼的西边城墙上修建了一个小庙,内设佛像,建于高处,取名"西天雷音寺",另有名"可上去"意思是上去即可登西天。

赵家当时财大气粗,因出入不便而又想显示一下他家的钱势,独家出钱开了个西北门和二道门,并修建了门楼,五檩五脊,四角挑起,塑有菩萨像,赵熊题门匾"乾元门"。(当时建村时只有西南、东南、东北三个城门,因西北有煞气,对村人不利故不开西北门。)乾元取第一、最重要之意,赵家题名也是为了显示自家在村子的重要性。可是赵家开了西北门之后,光景一天不如一天,到了乾隆米年,就财空家败,四分五裂,这就是村里的传言:倒了赵家,富了薛家。(薛家因开当铺收购赵家的物品,宅院而起家)。

二、薛家

薛家因开当铺而发家,村南(薛俊民院)与村南(蔺来胜院)两座当铺都是针对当时倒了灶的赵家开的。(因当时有钱人家倒了灶后家私财产不卖而是当,当铺里什么都要。)

薛家当时得到了赵家许多的东西,并且保存了赵家的物件,如薛家的账房院原是赵家的祠堂院,四合院大门上有一处"源远流长"的木匾,北房有赵家的神龛、牌位等赵姓物件。赵家最终都没能赎回这些物件。1958年"大跃进"时该院做了集体食堂(当时是第三食堂),上述物品就被清理掉了。

薛家在运城、新绛等地有生意,家里有十多亩地,有十多座院落,薛家巷头有"节孝坊"石牌楼,有对石旗杆,大门上有"孝廉方正"字匾,院中央有铁丝网。薛家衰落于清末,新中国成立后被划分为地主,挨了批斗,地和房产都被没收了。薛家在兴盛的时期,也留下了许多故事。

1.三月二十八日东岳庙古会亮富

每年的三月二十八日是光村的东岳庙逢古会的日子。庙里有三座戏台,要唱三台对戏比试,同时还要接待外村来敬香的。古会在那时是很受人重视的,大摆敬神之仪。每年由村里有名望的乡村绅士,轮流主事,下设办事处。

三月二十八日古会阵势大,名气高,要摆全猪全羊,要有人喂养。因为要比赛猪羊大小,有的提前两年就喂下了,准备会期用。把十八石麦(每石300斤重)磨成面,用油炸成葫芦座,因要大的套小的一直往高处垒,全垒三丈六尺高(传说天有三十六层)。所以底下最大的比圆桌面还要大。据说出了正月就炸开了。摆席要用古色古香的古老玩意摆设,需要一百多套桌椅板凳,全新的大碗大盘。一句话就是要夸富讲排场,比阔气,炫耀钱势。这一天,还有社火助兴,真是人山人海,热闹非凡。

有人知道薛家有这些东西,可薛家说没有,不愿出。随后,几个人一合计,有办法啦,下一年选薛家主人当主事。这一年到啦,办事的跑腿的看起来挺忙的,是干忙,连一件东西都借不下,用这办法逼他刁难他,薛家主人看到后,心里明白了,会期已到也怕丢人,二话没说,叫手下人领上人马,打开库房门,所有物件一应俱全,明光透亮崭新的,用啥搬啥,唐朝的瓷器、明代木器应有尽有,这一下名声大振。

2.红顶子塔的传说

红顶子塔位于光村东北去向家庄的路旁,是薛家坟地的建筑物。该塔下粗上细,圆形,砖做的，塔顶是尖的，红色的，因此起名"红顶子塔"。塔高五丈余，形似一支笔，位置居高处。此处东北方600余米是向家庄村。该村是一片洼地，村子整个形状呈圆形，好像书写用的砚台。红顶子塔是一支笔，向家庄是砚台，笔蘸在砚台里，这样一来不是把水气都给蘸光了。（水气即是福气。）因此向家庄村民富不起来，认为都是红顶子塔害的，村民曾多次吵着要推倒此塔，但又受一些迷信的感染影响，谁也不敢动。1949年新中国成立后，在某一天的夜晚，红顶子塔突然倒塌了。

三、蔺家

蔺家有地有长工，相传在陕西高良县有生意，相比于赵家和薛家，蔺家不算太富有。但蔺家一代家主蔺涌泉有三个老婆，这在四邻八村是独一无二的。蔺鸿达的爷爷蔺丙彦官封知州。而且，相传蔺相如是光村蔺家的祖先，这就为光村的蔺家增添了一抹神秘的色彩。

1. 叭叭叭，敲铣把，光村蔺家争天下，杀的人头滚西瓜的传说

相传在清代的某一年，蔺家（据说是东岸巷平房底下院蔺引成家）生下一子，因家道富有，家生贵子，邻友庆贺。孩子长到十多岁时，有一天来了一个算命先生，见此孩子生形异样，给家里人说此子是个龙相，有当皇帝之缘，但眼下有白日之灾，灾过即有登龙位之日，并说白日内不要迈出大门之外，即可保子平安。家人听后，万分欢喜，过了九十九天，一切平安无事，家人也就对相师的话有点不太放在心上了。凑巧明天是孩子泽掌镇舅舅的生日，他们心想：明天即满百天，路上操点心，全家人都去吧。第二天一家人坐上轿子带上孩子去泽掌镇，快到时碰到一群官兵，这正巧是皇上的相师算出了这一方出了一个龙种，要争龙位，派了术师带上官兵在这带查访。来人二话没说，提着孩子一刀就把头砍了下来，这还不算，还怕蔺家以后又生出龙种，所以要把蔺姓人都杀光，这也是蔺家大逃亡的原因。

后来，在孩子砍头的地方，长出了一棵无头槐树，蔺家人每年清明都去祭拜，新中国成立后这棵槐树也被人挖了。

单说官兵为什么会追到这里来呢？话说皇上朝中有观星大臣，卜相术士，当蔺家生下这个孩子后，这群人夜观天象，发现有一草龙下界投胎河东一带。朝中即派人四处打探，听说在光村一带，随后光又不见了。这时正巧是孩子避灾的那些日子。虽龙星不现，但防止万一，术士们仍探查不停，并一直派兵转悠。这一日，朝中术士看到龙星又现，正是百日将满，孩子去赴舅舅生日之时，就发生了上面所说的那一幕。

不过，据说这孩子是一条草龙，并非真龙天子，就是不死也成不了气候。

2. 西行庄——光村蔺姓人建的村子和光姓来历的传说

光村蔺姓是大户，因生了一个龙种，遭到皇上派兵追杀，遇到了灭门之灾。为了活命，为了不使蔺姓被赶尽杀绝，蔺姓人开始举家大逃亡。他们摸黑走了二十多里路，一路胆战心惊，托儿携女，人困马乏，便停下休息，一看前面崖高路陡，幸好路边也无追兵，便安心下来。挨到天亮，一看此地一望无际，前无村子，后无人家，也不敢回去，于是有人提议在这里安家，就这样开始开垦荒地，建造房屋。给自己的村子起名时，大伙一琢磨说："我们是从东向西来的，就叫西行吧。咱们也改姓蔺为姓光，光村的光，不忘根本，牢记过去。"

3. 蔺相如是光村人的传说

蔺相如是战国后期赵国的名相，民间戏剧"将相和"、"完璧归赵"即说蔺相如以民族利益为重的忍让大肚量，"宰相肚里能撑船"这个俗语也是说蔺相如。

目前，关于蔺相如的祖籍问题，学术界尚无定论。大致有以下几种意见：一说邯郸人。见《史记 廉颇蔺相如列传》注释，二说山西古县丰保村人，见刘纬毅《山西人物介绍》，三说山西泽和川镇李子坪村人，见《山西日报》1989年1月29日文章《安泽》；四说山西榆次市蔺郊村人，见民国版《榆次县志》。蔺相如在发迹之前，原是一个平民百姓，四处流离，因而籍贯问题存在争议。蔺相如顾全大局的崇高精神，家喻户晓，将相和、完璧归赵等故事也是妇孺皆知，各地争相依附不足为奇。光村历史悠久，可以追溯到春秋时期，绛州在三家分晋后属魏，但由于诸侯之间的兼并战争，亦曾属赵。蔺氏虽经明末农民起义株连劫难，横遭满门抄斩之祸，但至今在光村蔺姓仍占人口半数以上。据清代嘉庆年间蔺一纯墓碑有"派出相如"的记载。著名学者蔡鸿儒在台湾《紫玉金砂》杂志发表专文《澄泥古砚新丰彩》，即称蔺永茂为蔺相如之后裔。

我认为，蔺相如是光村人的可能性很大，因为光村建于北齐，符合时间上的条件是第一点理由。蔺姓在光村为大姓，虽不可考究具体的第一批蔺姓人到此处的时间，但从清代的蔺家一家主的墓志铭中的"派出相如，居绛北光村，"可以看出，光村的蔺姓人早已把自己当成了蔺相如的后人而续写家谱。而福胜寺作为历代封建朝廷不断修葺的对象，能够在两个偏殿中塑立蔺相如和廉颇的塑像，可以说是对蔺相如出自光村的一种默认。由此可见名蔺相如出于光村的可能性极大。

4. 蔺举人巧排猪头祭

清嘉庆年间，马首山下，绛州光村蔺家、汾城南高刘家、赵康尉家都是当地的大财主，称雄一方。传说南高刘家娶尉家姑娘时，刘家五步一块金砖从自家的大门口摆到尉家绣楼下，尉家的闺女嫁给蔺家，陪了一顶金凤冠就镶嵌了大小明珠九九八十一颗。刘家为夸自己的富有，大门两旁曾嵌过一副石刻对联："山陕二西无双户，古今三晋独一家。"显示自己财大气粗。

人常说："富爱富，贫爱贫，和尚爱的寺里人，娶媳嫁女找对门。"刘蔺尉三家称得起是门当户对，相互之间缔结下裙带关系（蔺家姑娘嫁给南高刘家）。星移斗转，沧海桑田，随着时代变迁，亲戚之间也不断地出现上下高低，兴衰没落的变化，形成人们所说的"三十年河东，三十年河西"的局面。

光村蔺姓，原本是赵国上大夫蔺相如的后裔，世世代代做官为宦，嘉庆年间，蔺氏子弟，官星不现，只出了一位举人——蔺春选。满清时中了举，可挂官衔，着官服、穿朝靴、戴羽顶、挂朝珠，出入坐轿子，出仕县太爷。这位蔺举人性格怪癖，未中三鼎甲，选七十二翰林，拔三百六十进士，只中了个文举，心灰意冷。丢掉做官为宦的幻想，回归故乡，置身于田园，治理农桑。大门两边换了联："直曲盆结三径友，纵横富有百城书"的楹联。但在那世事如鲜花的时代，人多势利眼，蔺家"官场无席位，门前车马疏"，社会交往逐渐冷落下来。

一年秋天，南高刘家死了当家的老太太，真是"泪添汾水三尺浪，愁锁峨岭一片云"，举家老少沉浸在肃穆痛之中。阴阳先生择定入土时间，刘家便张罗讣告亲友、祭奠、归茔等问题，蔺家姑娘从客厅经过，刚好听到老当家的说："绛州蔺家近年官场失意，门逢衰落，通知不通知都可，来了也不过是献两个猪头。"这真是"双眼单望半边月，片耳只听一面风，"说者无意，听者有心。蔺姑娘回到暖阁愈想愈气，刘家钱财再多，也不应该斜眼看亲戚。粗粗梳洗一番，禀告婆母，借口娘家探亲要回绛州。

蔺姑娘一进家门便向父亲蔺举人哭诉，蔺举人初听尚不介意，三思之后，无名怒火从心头升起，针对世事如烟、人情淡薄的现实社会，至亲厚友之间也成了"雪中送炭君子少，锦上添花小人多"了。自言自语地说："献上两个猪头，咱就在猪头上做文章！"

刘家埋人那天，满腹经纶的蔺举人穿戴起来，亲自坐上八抬大轿，家郎院工前呼后拥，威风凛凛。长达十几里的祭祀仪仗队，直奔南高刘家。晋南风俗，丧事餮祭，按报道先后次序开祭，谁家在前谁家先祭。蔺举人早做安排，半夜动身，天破晓就捷足到灵堂外等候，虽然刘家宾客人山人海，但都排在蔺家之后。蔺举人浓墨大书一副挽联，高悬灵堂两侧：

慈亲驾鹤西去，有子心中无限苦。

晚辈忍泪奔来，出人意外不胜悲。

蔺家按规矩一抬一报，花样繁多，吹吹打打，两人一抬得猪头食盒，一抬又一抬，已过了午时，还络绎不绝。蔺举人不动声色，可其他亲友着急了，这么轮到晚上也轮不到自己啊，人还埋不埋？刘家司仪执事也察觉气味不对，暗中打听，原来是刘家老东家惹出的麻烦，赶忙请蔺举人到后堂回了话，赔了礼，蔺家才终止祭奠活动。

事后，绛州地面流传出"有猪头还怕没庙门"的歇后语。文人学士也为此事编撰不少对联，流传于世：

欲勿后悔须修己，各有前因莫笑人。少言不生闲气，静修可以永年。轻听发言，怎知外人之潜诉，需平心暗想，与人相争，焉知非我不是，当忍耐三思。

| 山 | 西 | 古 | 村 | 镇 | 系 | 列 | 丛 | 书 |

附录5 口述历史

(1) 采访对象：光村党支部书记兼村委主任 薛增禄 55岁左右

—您还记得以前村里的城墙和城门吗？

—记得，怎么会不记得，以前村里有四座城门嘛，我们这个年纪的人都记得，而且小时候还会在上面玩儿呢！

—那个时候也没有留下什么照片？

—没有哦，那个时候没什么人有相机，不方便。

—那么，您能给我们描述一下当时城门的样子吗？

—城门嘛，以前那个城门中间有个那种拱形，中间就是青石铺路，以前我们村里地上都是青石铺的。然后那个门洞里面，就像那个西北门，靠西墙里面还有一个门洞，以前里面就住着守城门的人。

—守城门的人？

—对的，以前看城门的人还要负责打更的。

—那怎么登上城门呢？

—城门东面还有可以上去的地方。

—城门里面，在西面住人的地方的对面？

—不是，在城门的外面，沿着城门外墙上，有个可以上去的楼梯。

—沿城墙的外墙，是靠近的城内的外墙？

—是的，在城墙内的楼梯，先向东上去，然后再往南走。折两折就上到了城门上。

—在城门上就没有什么东西了，建筑什么的？

—没有了，除了西北门的一个城门有门楼，其他的城门就是一个梯形的很简单的城门，然后上面有像长城那样的、砖堆的垛口。

—您的意思是西北方向上不止有一个城门，那就是有瓮城啦？

—对的。就是正对着福胜寺的那个城门，外面那个和其他的城门长得一样，但是离它大概有个四十到五十米的，还有第二道城门，那个城门上就有个小楼，就像天安门一样，所以称我们村是"小北京"，长得和天安门很像。

—那么您还记得那个城门门楼有几开间呢？

—没有几个开间，就是一个小房子，那个二道城墙有两层楼高。

(2) 采访对象：薛兰林 光村村委会会计

（跟随薛兰林去城墙遗址）

—这些以前都是城墙，前面是第一道，这里是第二道。

—以前的城墙是土筑的，还是外面包着砖砌的？

——城门是外面有砖的，但是城墙就只是土城墙。
——您还记得以前的城墙有多高么？
——你现在看这些剩下的城墙，感觉它不高吧，但其实它以前很高的，比那些房子还高。以前我们小时候在上面玩儿，觉得挺高的，大概有几丈高吧。然后这外面以前还有城壕。
——就是以前这里以前就是条沟，不是像护城河里有水的吧？
——没有水，就是一条沟，大概有个三、四丈宽。
——那么以前城门外，架在城壕上的有吊桥吗？
——以前可能有，但是我们没有见过，可能古时候有吧。
——城里面，靠着城墙的房子是挨着城墙建起来的？
——不是，以前的房子和城墙之间有一条小路，可以走人的。

(3) 采访对象：村民 40岁左右

——能跟我们说说以前的城墙吗？
——其实记得不太清楚，但是以前那个城墙哦，上面是可以走马车的。
——马车怎么上到城墙上的呢？不会是走城墙东面那个走人的楼梯上去的吧？
——不是，像原来城西北角上有个坡，马车可以从那里上去。
——是只有西北角有还是城墙上的四个角落都可以上马车的土坡？
——有，都有，都可以上去的。以前那个城墙，很高，很宽。高有可能三丈高。可惜八十年代的时候，因为分地给村里的人盖房子，有些人嫌盖房子的地不够，就把城墙都拆了，可惜了。

(4) 采访对象：村民 70岁左右

——您还记得以前的城墙大概有多高吗？
——大约有三丈多高吧，以前那城墙好着呢，还有城门，可以上去的。
——听说原来城的四个角上有土堆，可以上马车？
——不能上马车的，只有城门可以上去。不过以前城墙的东南角上有个魁星阁，可以上去。那个魁星阁，可以从东南角上的关帝庙里面上到魁星阁上。
——只有东南角上有魁星阁，其他城墙的角上没有阁楼什么的吗？
——没有，只有魁星阁。魁星，就是北斗七星里面的一颗，以前古代人不是要考科举嘛，而且古人迷信，觉得魁星可以助人考上状元嘛，所以才在那里有个魁星阁。
——这么说城墙上没有像城门上那一样的有垛口的？
——没有，城墙上没有什么东西，城墙上不了人，城墙上就是黄土，就只有城门可以上去。以前城墙西南、东南面都种着好多好大的树，以前三个人手握着手都抱不住的。

(5) 采访对象：原蔺家大院主人 蔺景浩 84岁

——能和我们聊聊您记忆里的城墙和城门吗？
——以前的城墙和城门好着呢，七八十年代被拆了，现在都没有留下什么了。以前就三个城门，北面只有一个西北门，福胜寺对面那个缺口以前有个城门。然后南面有两个，就是现在的那两个。但

是后来西北门又多了一道门,先进一道门,后进第二道才进村里,西北门那里就成了一个瓮城,那个城门是以前赵家修的,赵家那时候很有钱嘛,有了钱就拿回自己住的村里,给村里修了一道城门,两层的。所以后来村子里就算是有四个城门了。

——所以照您这么说,曾经村里只有三个门,南面只有一个,北面有两个?所以中巷北面口上并没有城门?

——中巷北口上没有。也就是说以前村里一共三个出入口,但有四个门。然后城外面,围着城门都种着很多树,桃树、梨树什么的,树可好了,后来都被砍了。你看现在城外那圈新建的房子,以前那里什么都没有,城墙在靠里面一些,外面就是那些树了。

后 记

　　几乎每次写后记时，我都会扪心自问：课题组对于山西古村镇调查工作还能延续下去吗？还能延续多久呢？坦白而言，可谓困难重重，重重困难。但我们在近乎10年的时间里，一直坚持了下来。其中的原因很多，有山西省住建厅的鼓励和支持，有我们对于山西古村镇"发烧友"般的热爱，有质朴的村民对于这一工作的支持和期待。当然，也离不开大量学生的积极参与。在一般印象中，这些"80后"、"90后"的学生，不愿吃苦，不能持之以恒，没有团队的精神。但参加我们课题调查的这些学生，则更多的展现出坚韧、吃苦、乐观的品质，甚至有不少事情让我们非常感动。略举一例：

　　有一次在某个古村调查，因为条件有限，又正值小学放假，所以，我们就住在小学宿舍里。空间倒是挺宽敞的。但因为只有一位女生，所以她就只好一个人占了一个偌大的宿舍。床是大通铺，空荡荡的，这倒似乎也没什么。糟糕的是，每到晚上，不断有老鼠爬到床铺，窜来窜去，不时还尖叫几声。这位女生只是在我们一起吃饭时，轻描淡写地将这件事当作趣事讲给大家。我当时想，这位女生大概来自农村，对这种事情已经司空见惯、习以为常了，也就没有受到惊吓。但一年之后，这位女生在和同学的聊天中无意透露出，春节时父母带她到迪拜，住的都是超级豪华的七星级酒店。后来也证实，这位女生家庭经济条件优越，属于所说的富二代。只是她并没有养尊处优，没有坐享其成，没有丧失斗志，而是对这一艰苦的调查工作充满了兴趣。她从内心里喜欢那些老房子，也热衷于其保护工作。

　　类似的事情还有很多。这帮可爱的、担当的学生，一批接着一批，为了建筑遗产的保护，愿意在艰苦的条件下坚持调查，没有抱怨，没有牢骚。这极大地鼓舞着课题组，是课题组坚持不懈的重要驱动力。

　　此外，山西省住房与城乡建设厅厅长李栋梁、副厅长李锦生、总规划师翟顺河等领导对这套丛书给予了高度重视和积极支持；副巡视员张海同志（原村镇处处长）对本套的定位、框架提出了许多宝贵意见和具体指导；村镇处处长于丽萍同志为了保证调查研究工作的顺利开展做了大量的组织和协调工作；在我们现场中，新绛县住建局局长任孚凌、光村党支部书记兼村委主任薛增禄亦做了很多协调工作；我院罗奇通阅全书，提了很多很好的修改建议。在此，一并表示真诚的谢意。

薛林平
北京交通大学建筑与艺术学院
2013年9月25日